Eckart Hammer

# Das Beste kommt noch –
Männer im Unruhestand

Eckart Hammer

# Das Beste kommt noch – Männer im Unruhestand

Erfahrungen – Orientierungen – Tipps

**HERDER**

FREIBURG · BASEL · WIEN

HERDER spektrum Band 6495

Titel der Originalausgabe: Das Beste kommt noch
© Kreuz Verlag
in der Verlag Herder GmbH, Freiburg im Breisgau 2010
ISBN 978-3-7831-3434-6

Umschlagkonzeption: Agentur RME Roland Eschlbeck
Umschlaggestaltung: Verlag Herder
Umschlagmotiv: © Erwin Wodicka_Fotolia.com
Foto Eckart Hammer: © privat

Satz: de·te·pe, Aalen
Herstellung: KN Digital Printforce, Erfurt

Printed in Germany

ISBN 978-3-451-06495-1

# Inhalt

In Erinnerung an meinen Vater,
Konrad Schmid,
der mich bei meinem Älterwerden nur bis zu
meinem 30. Geburtstag begleiten konnte
und mit dem ich mich gerne noch über manches
austauschen würde

# Einleitung
## Neustart nach dem Beruf

Männer altern anders!

Als der Verlag Ende 2007 mein Buch *Männer altern anders* auf den Markt brachte, ließ er sich auf ein ungewisses Unternehmen ein: Wo Männerbücher an sich schon wenig gefragt sind, habe die Kombination von *Mann* und *Alter* kaum eine Marktchance – so zumindest die Einschätzung einiger anderer renommierter Verlage, denen ich mein Manuskript angeboten hatte. Inzwischen ist bereits die dritte Auflage erschienen und die Nachfrage ist auch nach zwei Jahren ungebrochen, was sich unter anderem an vielen Vortragsanfragen zeigt. Immer mehr Männer (und ihre Frauen) scheinen sich für den weithin noch unerforschten Kontinent des männlichen Alterns zu interessieren und wollen sich mit diesen Fragen rechtzeitig auseinandersetzen.

In Zuschriften und bei meinen Vorträgen und Seminaren wird immer wieder deutlich:

Menschen im sechsten Lebensjahrzehnt wünschen sich konkrete Hilfestellungen und Anregungen, um den Übergang in den Ruhestand zu bewältigen und um ein sinnerfülltes Leben nach dem Beruf zu gestalten. Besonders die Suche nach sinnstiftenden Tätigkeiten treibt viele Männer und häufig besonders deren Partnerinnen um, die sich vor einem Lebensabschnitt mit einem untätig herumsitzenden Ehemann fürchten. Was kann und soll der Mann anfangen, wenn er am Ende seines fünften Jahrzehnts bei besten geistigen Kräften, nahezu unverminderter körperlicher Leistungsfähigkeit und meist solider materieller Absicherung vor seinem Dritten Lebensalter steht? Das heißt, wenn er im statistischen Durchschnitt noch mit 15 bis 20 guten, aktiven Jahren rechnen kann, bevor dann mit Mitte 80 das Vierte Alter, das eigentliche Alter mit seinen einschränkenden Gebrechen kommt?

Dieses Buch bietet Erfahrungen, Orientierungen und Tipps für die Bewältigung des Unruhestands, jener Zeit der gelegentlich ängstlichen Unruhe, wenn das nachberufliche Leben vor der Tür steht oder eingetreten ist und ein plötzlicher Stand in Ruhe befürchtet wird. Im Fokus dieses Buches steht die Frage, was der Mann im Ruhestand *tun* kann, manche anderen Themen, wie etwa Gesundheit oder Beziehung kommen eher am Rande vor. Wer sich mit diesen Fragen mehr beschäftigen möchte, sei auf mein Buch *Männer altern anders* verwiesen. Mit dem Begriff *Unruhestand* soll allerdings nicht jenes hektische Altern propagiert werden, mit dem manche Vielbeschäftigten ihre Anrede als *Ruheständler* kokett abtun. Dieses Buch will im schwierigen Gelände der Suchprozesse Orientierungen geben, will im unbekannten Kontinent der nachberuflichen Herausforderungen lohnende Ziele beschreiben; es will Männern jenseits der 50 und all denjenigen, die mit ihnen leben und sich für sie interessieren, Lust und Mut machen für einen Lebensabschnitt, der viele Chancen dafür eröffnet, dass das Beste im Leben noch kommen kann.

## Zehn Grundannahmen

Dies ist ein Buch aus Männersicht und für Männer ge-
schrieben, auch wenn sich wahrscheinlich viele Frauen
mit ihren Fragen und Themen darin gut aufgehoben fühlen
werden. Es beruht auf zehn Grundannahmen, die auf einigen Ergebnissen der Ruhestands- und Altersforschung
beruhen und die besonders männerspezifisch sind bezie-
hungsweise Männer in besonderer Weise ansprechen:

1. Männer verdrängen das Alter(n) mehr und können
   sich das auch länger als Frauen leisten – alt sind eben
   immer nur die anderen; wenn der Ruhestand dann
   plötzlich vor der Tür steht, sind viele Männer darauf
   schlecht vorbereitet. Die *späte Freiheit*, die dem
   Mann mit der so genannten »Freisetzung« aus dem
   Berufsleben geschenkt wird, ist darum ein Präsent,
   mit dem viele Männer nach 40 Jahren beruflicher
   »Gefangenschaft« nichts Rechtes anfangen können.
2. Der Mann, der Ende 50, Anfang 60 aus dem Beruf
   aussteigt, ist körperlich, geistig und seelisch im Allgemeinen noch viel zu jung fürs Altenteil und für einen Stand in Ruhe.
3. Die meisten Männer erfahren sich zeitlebens weniger
   im Kommunizieren und mehr im Tun und brauchen
   deswegen auch im nachberuflichen Leben etwas
   Handfestes, Schöpferisches und Sichtbares.
4. Männer wollen etwas von dem weitergeben und wei-
   terleben lassen, was sie an beruflichen und außerbe-
   ruflichen Erfahrungen erworben und an Kompetenzen erarbeitet haben.

5. Mit dem Berufsaustritt verlieren die meisten Männer bedeutsame oder gar ihre wichtigsten sozialen Beziehungen und müssen sich über geeignete soziale Aktivitäten im Ruhestand neue Kontakte erarbeiten.

6. Die Ehe kann mit der »Heimkehr« des Mannes ihre bislang größte Belastungsprobe erfahren.

7. Dass Lebenssinn und Erfüllung vor allem in persönlicher Bedeutung für andere gefunden werden können – was Frauen über ihre verschiedenen Netzwerke meist schon immer leben –, müssen viele Männer im Ruhestand erst für sich entdecken.

8. Der Mann, als der mehr nach außen Orientierte, ist im Ruhestand in besonderer Weise dazu bereit und aufgerufen, sich für sein Umfeld, für die Umwelt und für unsere Welt insgesamt zu engagieren.

9. Wie schon das Alter überhaupt wird insbesondere das hohe Alter von vielen Männern verdrängt und wird dadurch, wie alles Verdrängte, umso bedrohlicher; eine aktive Auseinandersetzung mit der Hochaltrigkeit lässt neben den Verlusten auch Gewinne erkennen.

10. Ein »richtiger« Mann löst seine Probleme im Kopf – Männer brauchen jedoch den Austausch mit anderen Männern (oder wenigstens ersatzweise ein Buch wie dieses), um sich über ihre Alters- und Alternsfragen klar zu werden und ihr Altern konstruktiv zu bewältigen.

Dieses Buch spricht immer wieder von *den* Männern, wohl wissend, dass es *den* Mann nicht gibt. Die Vielfalt der Männerleben, der Männerbiografien, der Männerschicksale, der männlichen Lebenslagen ist niemals größer als im Alter. Vieles in diesem Buch basiert auf Untersuchungen, die sich eher an der so genannten männlichen *Normalbiografie* orientieren, wie sie statistisch gesehen bei den jetzt Älteren noch vorherrscht: ein verheirateter Mann (mit Kindern), der eine nahezu ununterbrochene Vollerwerbsbiografie vorzuweisen hat, der nach dem Ausscheiden aus dem Ruhestand materiell ausreichend abgesichert, mit relativ guten körperlichen und geistigen Kräften noch rund 20 gute Jahre vor sich hat. Männer, die alleinstehend sind, die in gleichgeschlechtlicher Partnerschaft leben, die geschieden oder verwitwet sind, die körperlich oder psychisch chronisch krank sind, die langzeitarbeitslos waren, die in Armut leben, und andere mehr – auch diese Männer werden sich und ihre Themen in diesem Buch wiederfinden, wenn sie das eine oder andere für sich entsprechend anpassen oder übersetzen.

## Vier Wegweiser

Dieses Buch will Männer vor und nach dem Ruhestand in ihren Suchprozessen begleiten, will sie mit den lebendigen Erfahrungen aus vielen Gesprächen anregen, mit konkreten Orientierungen und Tipps unterstützen. Es will nach langen Betriebsjahren an vorgespurtem Leben dazu ermutigen, sich mit Entdeckungslust auf den Weg zu machen, sich durch ein paar Sackgassen (die in jedem Fall die Ortskenntnis erhöhen) nicht beirren zu lassen, um dann das Seine zu finden. 20 Männer im Ruhestand kommen in diesem Buch zu Wort, die über ihre Suchprozesse berichten, von ihren Erfahrungen erzählen und sichtbar machen, dass die Suche nach dem eigenen Projekt nicht immer ganz einfach ist, aber in jedem Fall lohnt.

Für die Orientierung auf der Suche nach einem neuen Sinn im Leben hat sich dieses Buch auch an der ursprünglichen Bedeutung des Wortes *Sinn* orientiert. Im Althochdeutschen war *Sinn* gleichbedeutend mit *reisen, beistehen, sich um etwas kümmern.* Vier Wegweiser geben Orientierung für eine Reise mit spezifischen Entwicklungschancen, Herausforderungen und Aufgaben.

Ein »richtiger« Mann liest in der Regel allerdings keine Gebrauchsanweisung und fragt nicht nach dem Weg. Deswegen ist ein erstes Kapitel unverzichtbar, das dazu einladen möchte, die unbekannten Schwierigkeiten der neuen Situation nicht zu verkennen und vielleicht doch eine Wanderkarte in die Hand zu nehmen. Denn nicht wenige Männer sehen ihrem Ruhestand hoffnungsfroh entgegen, freuen sich auf das Ende der beruflichen Belastung und Fremdbestimmung, listen bestenfalls aufgeschobene oder zu kurz gekommene Beschäftigungen auf und gehen im Übrigen davon aus, dass sich alles Weitere schon irgendwie geben wird. Hört man genauer hin, erinnern solch optimistische Einschätzungen gelegentlich an das Pfeifen des kleinen Jungen im Wald, wenn er seine ängstlichen Fantasien ob der dunklen Bedrohungen vertreiben will.

Der Übergang in den Ruhestand ist für viele Männer nicht selten die erste und umfassendste Krise in ihrem Leben. Mit dem Ende des Berufslebens sind unter anderem Status, Selbstwert, Lebenssinn und soziales Netzwerk gefährdet, und die Beziehung zur Partnerin steht vor einer ihrer größten Herausforderungen. Die Gefahren dieser Krise wahrzunehmen ist wichtig, um von ihr nicht überrascht und übermannt zu werden.

*Die vier Wegweiser für das Leben nach dem Beruf: Chancen, Ressourcen, Potenziale und Entwicklungsaufgaben des Alters*

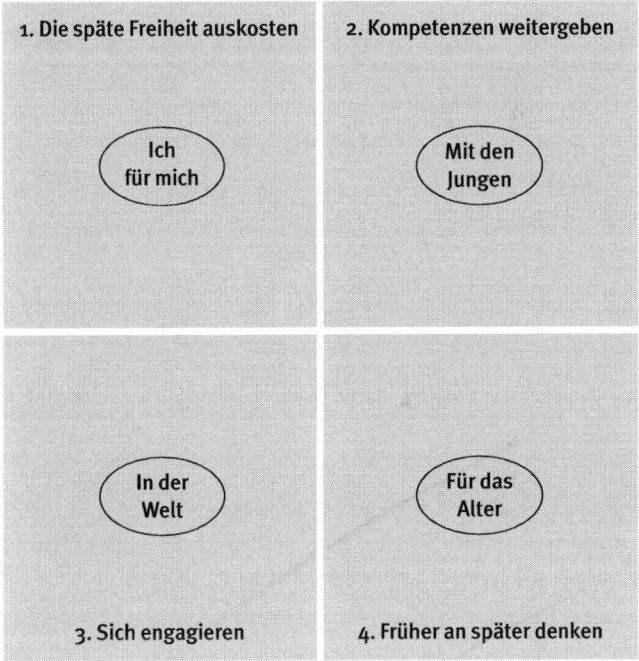

Jede Krise hat zwei Gesichter: Einerseits birgt sie Gefahren, andererseits bietet sie immer auch neue Chancen. Deswegen wird sich das erste Kapitel, der erste Wegweiser, mit den großen *späten Freiheiten* beschäftigen. Mit diesem Begriff bezeichnete der renommierte Gerontologe Leopold Rosenmayer die historisch völlig neue Chance zur aktiven Gestaltung eines Lebens jenseits des Berufs: Endlich kann ich etwas für mich tun, kann und sollte diese Freiheit auskosten, bislang Ungelebtes genießen, Versäumtes nachholen und mich meiner Träume erinnern und sie wo möglich verwirklichen. Doch da Konstantin Wecker zu Recht in einem seiner Lieder mahnt: *Genießen war noch nie ein leichtes Spiel*, soll eine Reihe von Orientierungsfragen dazu verhelfen, den eigenen Standort als Ausgangspunkt für die weiteren Erkundungen zu bestimmen.

Männer werden zu einem Zeitpunkt aus dem Beruf entlassen, wo sie zwar nicht mehr über ihre vollen körperlichen Kräfte verfügen, aber häufig im Zenit ihrer Berufs- und Lebenserfahrung stehen. Auf dieses Wissen, diese Kompetenzen, diese gereifte Meisterschaft wollen zwar fortan die bisherigen Arbeitgeber verzichten, aber dafür gibt es eine Fülle anderer Bedürftiger. (Vor-)Ruheständler sollten ihre Schatztruhen für Jüngere öffnen, ihr Wissen, ihre Kompetenzen weitergeben und so in einem lebendigen Dialog und produktiven Austausch mit den Jungen bleiben – in diese Richtung ist der zweite Wegweiser gerichtet.

Der dritte Wegweiser weist hinaus in die nahe und fernere Welt. Leben weitergeben und sich um die nachkommenden Generationen zu kümmern heißt auch, sich einzumischen und für eine bessere Welt im Kleinen und Großen zu engagieren. Die entpflichteten und von beruflichen Rücksichten befreiten Älteren können und sollten sich aktiv für ein soziales Miteinander, für den Erhalt unserer Schöpfung und insgesamt für eine Welt einsetzen, in der es etwas gerechter und humaner zugeht.

Nach dem Dritten, dem aktiven Alter, kommt das Vierte, in dem wir auf die Hilfe anderer angewiesen sind. Wir sollten früher an später denken, um nicht eines Tages von einer plötzlichen Hilfsbedürftigkeit überrascht zu werden, für die wir nicht vorbereitet sind und deswegen keine guten Lösungen haben. Viele Männer verdrängen dieses Thema – Abhängigkeit bedroht mehr als vieles andere die männliche Identität. In einer Gesellschaft des langen Lebens müssen wir – so der Heidelberger Gerontologe Andreas Kruse – *bewusst angenommene Abhängigkeit* lernen. In diese Richtung zeigt der vierte und letzte Wegweiser.

Als Belohnung für einen so verstandenen Unruhestand steht die Verheißung eines langen und lohnenden Lebens. Die wegweisende Bonner Studie zur Langlebigkeit im Alter (BOLSA), die in einer Längsschnittuntersuchung über fast zwei Jahrzehnte hinweg die wesentlichen Faktoren für ein langes Leben identifiziert hat, nennt fünf zentrale Dimensionen für ein »erfolgreiches Altern«:

- »Ein guter objektiver Gesundheitszustand, der gepaart ist mit subjektivem Wohlbefinden
- Gute und tragfähige familiäre Beziehungen
- Hohe soziale Aktivität
- Eine aktuelle, auch die Vergangenheit und Zukunft umfassende Zufriedenheit mit den Lebensumständen
- Eine aktive, selbstbewusste, positiv gestimmte und aufgeschlossene Persönlichkeit«[1].

Wer sich auf einen solchen Weg ins Alter einlässt, für den könnte das Beste im Leben vielleicht noch kommen!

An der Entstehung dieses Buches haben viele Männer und Frauen direkt und indirekt mitgewirkt, denen ich sehr dankbar bin: den vielen Zuhörern meiner Vorträge und Absendern von Zuschriften, die erkennen ließen, wie groß der Bedarf an männerspezifischen Informationen zu Ruhestand und Alter ist; allen Gesprächspartnern, die mir Rückmeldungen, Bestätigungen und weiterführende Anregungen gaben; den vielen Interviewpartnern im Ruhestand, auch wenn nicht alle Gespräche abgedruckt werden konnten, für ihre Offenheit und ihre Denkanstöße in den Interviews. Besonders danke ich Brigitte Albus-Preyer für ihre aufwändigen und ergiebigen (Internet-)Recherchen; meinen Lektorinnen Judith Mark und Imke Rötger für ihre stets so freundliche und ermutigende Begleitung; und meiner Frau Brigitte für ihre praktische und kritische Expeditionsbegleitung,

# Die größte Herausforderung
# des Mannes

Älterwerden heißt ein neues Geschäft antreten:
Alle Verhältnisse ändern sich.
Und man muss entweder zu handeln ganz aufhören,
oder mit Willen und Bewusstsein das neue Rollenfach übernehmen.
*Johann Wolfgang von Goethe*

Endlich frei! Endlich mein eigener Herr! Endlich ausschlafen! Endlich all das tun können, was mir wirklich
Spaß macht, wozu ich neben meiner Arbeit nie kam! Endlich Muße für den ungelesenen Bücherstapel! Endlich den
Garten umgestalten! Endlich die große Weltreise planen!
Endlich genügend Zeit für Frau, Kinder, Enkel, Freunde!
Endlich, endlich, endlich …! Die meisten Männer freuen
sich auf Ihren Ruhestand, ersehnen das Ende ihres Berufslebens und nehmen gerne staatliche oder betriebliche
Vorruhestandsarrangements in Anspruch, sofern es die
finanziellen Verhältnisse zulassen[2].

Denn immer höher werden die Anforderungen in den
Betrieben, immer mehr orientieren sich die betrieblichen
Abläufe an den Jungen und Leistungsfähigen, komprimie-
ren sich die einstmals 45 Jahre dauernden Berufsbiografien
auf die 30 Jahre zwischen Mitte 20 und Mitte 50. Der Druck
nimmt zu, wovon auch eine zunehmende Zahl psychisch
kranker Erwerbsunfähiger spricht*, und spätestens, wenn

---

* Zwar ist in den letzten zehn Jahren der Krankenstand stetig gesun-
ken, die Zahl der Krankschreibungen aufgrund psychischer Probleme
ist aber um 70 Prozent gestiegen und inzwischen mit rund 25 Prozent
die häufigste Ursache für Berufsunfähigkeit (Die Zeit 38/2007).

man Anfang 50 ist, sieht man die jüngeren Kollegen auf die Überholspur wechseln. Die Karriere hat ihren Zenit erreicht, die neuen Technologien werden Jüngeren überlassen, Investitionen in betriebliche Weiterbildung scheinen sich für den Älteren nicht mehr zu lohnen – das Gespenst der Ersetzbarkeit lässt sich nicht mehr verscheuchen. Über die Hälfte aller Betriebe in Deutschland beschäftigt vorsichtshalber gleich gar keinen über 50-Jährigen mehr.

## Der Mann ist angezählt

So beginnt um die 50 der Countdown, der Mann ist angezählt, kann wieder einmal seiner amtlichen Rentenauskunft seine berufliche Restlebenszeit entnehmen. Hatte das Leben zuvor scheinbar noch unendliche Optionen und Entwicklungschancen, so wird es nun plötzlich endlich, lässt erstmals ahnen, dass die Kreise fortan nicht mehr weiter, sondern nur noch enger werden.

Diese Infragestellung seines bisherigen Lebensentwurfes könnte jetzt für den Mann die Chance sein, sich ein paar Fragen zu beantworten, wie etwa:

- Bin ich auf dem richtigen Kurs?
- Was waren einmal meine Ideale, meine Lebensträume gewesen?
- Was habe ich eigentlich erreicht, welche Spuren hinterlasse ich?
- Habe ich überhaupt das Richtige getan?
- Haben sich Einsatz und Preis für diese Maloche gelohnt?

Diese Fragen bilden den eigentlichen Kern der »Wechseljahre« des Mannes. Jahre, die einen Umbruch in seinem Leben markieren; Jahre, in denen er sich diesen existenziellen Themen stellt, die Perspektive wechseln und eine mögliche Kurskorrektur einleiten könnte. Solche Reflexionen und Infragestellungen können unangenehm und schmerzhaft sein, können von Trauer um Versäumtes und Ungelebtes beschattet sein und können sich auch in körperlichen Symptomen niederschlagen. Nicht wenige Männer spüren in diesen Jahren gelegentlich ein diffuses Unbehagen oder »plötzliche« depressive Verstimmungen, deren Ursache sie nicht kennen. Allenfalls interpretieren sie diese als Symptome einer hormonell verursachten Midlife-Crisis, die sie wegspritzen oder medikamentös aufhellen lassen wollen. Wie jener Ruheständler, der mir schrieb, dass er wegen einer unerklärlichen Depression in Behandlung gewesen sei, bis ihm nach der Lektüre meines Buches *Männer altern anders* klar geworden wäre, was die konkreten Ursachen seiner Verstimmung sind. Auch wenn der Mann bis zu seinem 50. Lebensjahr 20 Prozent seines Testosteronhaushaltes abgebaut hat, ist dennoch ein *Klimakterium virile*, eine medizinisch-biologisch begründbare Midlife-Crisis unter Männer- und Altersmedizinern umstritten. Medizinische Erklärungsmodelle haben jedoch den Vorteil, dass sie eine mühevolle Selbstreflexion ersparen und eine rasche technokratische Symptombeseitigung versprechen, was zudem von einem wachsenden, lukrativen Gesundheitsmarkt gefördert wird.

»Richtige« Männer haben keine Probleme, sondern Lösungen. Krankheit, Leiden und Männlichkeit schließen sich im traditionellen Rollenkonzept aus[3] und werden –

vor allem unter Männern – meist nicht thematisiert. »Mein Hausarzt sieht mich höchstens alle drei Jahre«, sagt Herr I. und ist stolz darauf. Schwäche zu zeigen oder gar überhaupt zu spüren wurde vielen Jungen als angeblich »unmännlich« abgewöhnt und ist auch in einer Arbeitswelt, in der es nicht nur Freunde, sondern immer auch potenzielle Rivalen oder sogar Feinde geben kann, riskant[4]. So redet der Mann meist nicht mit anderen Männern über seine Verunsicherungen in der Lebensmitte, sondern wähnt sich als einziger in der Krise, von der Norm abweichend. Damit versäumt er die Chance, im Austausch mit anderen »Leidensgenossen« das Produktive, das ja jeder Krise innewohnt, herauszuarbeiten und als Chance für sein weiteres Leben zu entdecken. 10 Prozent aller über 65-Jährigen trinken zu viel, vier fünftel davon sind Männer.

## Viel zu früh, ganz plötzlich und unerwartet …

Wenn der Mann seine Krise in der Lebensmitte derart »bewusstlos« passiert hat, hat er eine erste Chance verpasst, sich auf den Übergang in das nachberufliche Leben einzustimmen. Mann macht weiter als ob nichts gewesen wäre, spürt allenfalls die – trotz pflichtgemäßer Fitnessstudiobesuche – allmählich nicht mehr zu leugnenden, nachlassenden körperlichen Kräfte. Das näher rückende Ende des Berufslebens wird verdrängt oder bestenfalls erwartungsvoll verklärt, beides keine sehr hilfreichen Haltungen für einen der größten Einschnitte im Leben des Mannes. Sinnvoll könnte jetzt der Besuch eines Angebotes zur Vorbereitung auf den Ruhestand sein, wie es diese in manchen größeren Betrieben, an Volkshochschulen oder kirchlichen Bildungsstätten gibt.

### Der Bergbauer

*Peter P. war Ende 50, als er sich zum ersten Mal ernsthaft mit seinem Leben nach dem Beruf auseinandersetzte. Dabei waren es vor allem drei Überlegungen, die ihn umtrieben: Wie und wo kann ich mir als Alleinstehender, der beruflich bedingt einen weit verstreuten Freundeskreis hat, ein ausreichendes soziales Netz schaffen, »ein Haltesystem, das mich trägt, wenn die Kreise kleiner werden«? Wie kann ich als »Sesselfurzer« etwas Sinnvolles für meinen Körper tun, ohne mich in einer »stinkigen Muckibude« zu quälen? Wo habe ich eine gute Ausgangsbasis für meine Suche nach einem Alterswohnsitz?*

*Zwei Autostunden von seiner Stadt entfernt wurde Peter P. in Graubünden fündig. In einem Bergdorf, »wo ich mich durch meine familiären Wurzeln einigermaßen zugehörig fühlen konnte und die Chance hatte, nicht immer nur der Fremde zu sein«, fand er eine zweite Heimat auf dem Bauernhof seiner Cousine und ihres Mannes. Zusammengerechnet rund acht Wochen pro Jahr hat sich der Entwicklungsberater zwischen seinen weltweiten Einsätzen in Katastrophengebieten in seiner zweiten Heimat neu verortet und geerdet.*

*Auf dem ökologisch orientierten Hof macht er alles mit: morgens bei Sonnenaufgang raus, Schweine füttern, Hühner versorgen, den Gemüsegarten pflegen, Heu machen, Käse produzieren. »Es ist etwas Wunderbares, den Duft von Heu zu genießen, seinen Körper zu spüren, am großen Esstisch zu sitzen und dem Rhythmus der Na-*

*tur zu folgen – ein so ganz anderer Lebensstil als in der Großstadt.« Peter P. hat einen Hausschlüssel, kann und soll unangemeldet kommen, wann immer er Lust hat, um sich eben richtig zu Hause zu fühlen. Dafür ermöglicht er den beiden Bauersleuten einmal im Jahr ein paar Wochen Urlaub, kümmert sich dann alleine um den Betrieb und genießt die Verantwortung, die Ruhe und den Feierabend nach einem erschöpfenden Tagwerk. Und als »vollwertiger Bauer« hilft das dem Städter, sich weiter im Dorf zu verankern und Anerkennung zu finden.*

*Nebenher hält Herr P. die Augen offen nach einem passenden kleinen Häuschen in der Nähe, das er zu seinem zweiten Wohnsitz ausbauen will. Aber seine Stadtwohnung will er bis auf Weiteres behalten, um zwischen den beiden Welten pendeln zu können und eines Tages, wenn die Mobilität nachlassen wird, zu entscheiden, »wo mein Herz stärker schlägt« und wo es sich im hohen Alter besser leben lässt.*

**Bauer auf Zeit**
Freiwillige aus allen Berufen und im Ruhestand werden von der Caritas Schweiz gegen Kost und Logis in Bauernfamilien vermittelt, um diese beim Bau, in der Landwirtschaft, bei Räumungsarbeiten in Feld und Wald, im Haushalt und Garten oder bei der Kinderbetreuung zu unterstützen.
www.bergeinsatz.ch*

---

* Wer neben der Buchlektüre gleich die Internetseiten aufrufen will, findet alle im Buch angegebenen Adressen unter www.unserezeiten.de im Treffpunkt »engagieren«.

Das Ende des Berufslebens kommt häufig doch unerwartet und schneller als geplant. Zwar steigt – nach Jahrzehnten der Frühverrentung und Vorruhestandsregelungen – derzeit das Renteneinstiegsalter wieder und die Rente ab 70 hat sich schon in die politischen Diskussionen eingeschlichen. Aber häufig wird übersehen, dass *Renteneinstiegsalter* nicht gleich *Berufsausstiegsalter* ist. Zwischen dem *Berufsende*, sei es durch Berufsunfähigkeit, Arbeitslosigkeit oder Abfindungsregelungen bedingt, und dem *Rentenbeginn* liegen im statistischen Mittel drei bis vier Jahre. Ein derzeit durchschnittlicher Rentenzugang der Männer mit 60 Jahren[5] bedeutet also, dass danach nur noch eine Minderheit der Männer im Beruf steht. Über dem Berufsende der Mehrheit könnte darum wie in mancher Todesanzeige die Klage stehen: *Viel zu früh, ganz plötzlich und unerwartet …*

Ein solch jäher Berufsausstieg wird zu einem *kritischen Lebensereignis*. Und Lebensereignisse sind umso kritischer,

- je mehr sie die eigene Identität infrage stellen,
- je weiter sie außerhalb des erwarteten Zeittaktes liegen,
- je geringer der eigene Einfluss auf ihr Eintreten ist und
- je mehr sie eine Neuanpassung erfordern, die mit den erlernten Bewältigungsmechanismen nicht zu meistern ist.

All diese Dimensionen treffen für das Ende des Berufslebens vieler Männer zu. Der Berufsausstieg ist für die meisten Männer die erste große Krise ihres Lebens, in der eine ganze Reihe gravierender und identitätsbedrohender Faktoren zusammenkommen und von ihnen Anpassungsleistungen und Neuorientierungen fordern, wie sie ihnen kaum je zuvor im Leben abverlangt wurden. Vergleichbar ist diese radikale Umorientierung vielleicht nur dem früheren Familien-Jahresurlaub: Als der Mann innerhalb weniger Stunden von 100 auf null heruntergebremst wurde, wo er doch gestern noch mit vollem Engagement in der Firma war und nun für drei Wochen mit Leib und Seele ein entspannter Familienvater sein wollte – was die »schönsten Wochen des Jahres« sein sollen, ist für viele Männer und ihre Familien eine ziemliche Zumutung.

## Gibt es ein Leben nach der Arbeit?

Arbeit ist für die meisten Männer nicht nur das halbe, sondern das Leben überhaupt. Gut von unseren Frauen erzogen, haben wir zwar gelernt, *Frau und Kinder als am Wichtigsten im Leben* anzugeben, aber »in seinem Kern ist das Männlichkeitskonstrukt von einer Berufsorientierung bestimmt, während die Familienorientierung sekundär ist«[6]. Selbstwert, Status und Anerkennung, die gesamte Identität sind zentral von der Arbeit und der Berufsrolle bestimmt, mit der Berufsaufgabe geht all dies verloren. Der Begriff *Rentner* vermittelt keinen inneren und gesellschaftlichen Selbstwert, ja stellt sogar die Identität als Mann infrage. Denn, wie der amerikanische Psychologe Roy Baumeister feststellte, »wer auf Kosten anderer lebt, ist kein Mann … Ein Mann zu sein heißt mehr zu produzieren, als man konsumiert.«[7] So lässt sich nachvollziehen, warum im alten Österreich das Ausscheiden des Mannes aus dem Beruf mit *Ableben* bezeichnet worden sein soll.

Die also scheinbar über den Status »Rentner« definierte, jedoch tatsächliche Rollenlosigkeit bedeutet für viele Männer zum ersten Mal in ihrem Leben, ein *neues Rollenfach* selbst finden, gestalten und definieren zu müssen. Mehrere Jahrzehnte betrieblicher vertikaler oder horizontaler Laufbahn bedeuteten, dass im Zweifelsfall Vorgesetzte oder vorbestimmte Prozesse dem Mann die Richtung wiesen, seine Rollenanforderungen bestimmten und seine Aufgaben definierten. Hierarchie, Arbeitsteilung und Titel gaben Sicherheit und Orientierung, vermittelten Sinn und Bedeutung. Harry H. geht es da wie manch anderem: »Was bin ich froh, dass nach 47 Berufsjahren morgens kein Wecker mehr klingelt, aber jeden Tag überlegen, was heute Programm sein soll, ist manchmal doch etwas mühsam.« Kleinere oder größere Erfolge verschafften Befriedigung und Anerkennung. Strukturierung und Ritualisierung des Tages, des Jahres und der Lebensarbeitszeit waren vertraut, verlässlich und berechenbar.

Von einem Tag auf den anderen fehlt dieses, nicht unbedingt geliebte, aber gleichwohl über Jahrzehnte Halt gebende Korsett der Männlichkeit plötzlich. Woher kommen nun Selbstwert, Status und Anerkennung? Was trägt die Identität? Was strukturiert den Tag, das weitere Leben? Die männliche Identität wird zur *verblichenen Identität*[8], mit der man sich vielleicht noch einige Zeit über die Runden retten kann, bevor man dann – hoffentlich nicht zu spät – erkennt, dass der Verweis auf frühere Berufsrollen und -erfolge niemanden mehr so recht interessiert. Jetzt muss der Mann, womöglich zum ersten Male in seinem Leben, neue Aufgaben, lohnende Betätigungen und neuen Sinn selbst entdecken. Aber wie soll das gehen, wo er im Betrieb doch nie gezwungen oder es ihm nie erlaubt war, über seine Wünsche, seine Neigungen und Begabungen, seine unerfüllten Träume nachzudenken? Jetzt kommen die große Leere und Ratlosigkeit, die so manchen Rentner lähmen.

## Aus der aktiven Männergesellschaft entlassen

Neben den identitätsstiftenden Faktoren erleiden die meisten Männer am Berufsende einen weiteren gravierenden Verlust. Berufslebenslang waren sie Teil eines kollegialen Beziehungsnetzes, in das sie oft über Jahrzehnte eingebunden waren und das zumindest, was die alltäglichen Begegnungen betraf, eine hohe Intensität aufwies. Was durchaus die Qualität von *freundschaftlichen* Beziehungen hatte, entpuppt sich nun als *kollegiale* Beziehungen, die eben im Regelfall nicht der privaten, sondern der Arbeitswelt zugehören und an berufliche Rollen und Aufgaben gebunden sind. Berufliche Beziehungen basieren primär auf der Rolle und erst sekundär auf der Person, die – im Gegensatz zur privaten Beziehung – immer durch andere austauschbar ist.

Das Ausscheiden aus dem Berufsleben, ganz egal, ob geplant, vorzeitig oder gegen seinen Willen, ist häufig eine große Kränkung für den Mann. Im Zenit seines Wissens und seiner Berufserfahrung war er gestern noch von vielen gefragt, vielleicht ging keine Entscheidung an ihm vorbei, und schon heute liegt der Marktwert seiner Kompetenzen bei null, haben andere das Ruder in der Hand, gerade so, als ob es ihn nie gegeben hätte. So wie es

Immanuel I. erging, als er aus vollem Engagement und mit einem Haufen Überstunden gesagt bekam, dass er nun zum alten Eisen gehöre. Das für Männer so wichtige Produzieren und Gestalten ist auf einen Schlag beendet; jene zweite, eigene und weitgehend abgeschottete Welt, in die der Mann allmorgendlich verschwand, ist ihm fortan verschlossen. Mit dem Beginn des Alters werden die Männer »aus der (aktiven) Männergesellschaft entlassen«[9]. Simone de Beauvoir schreibt dazu in ihrem Klassiker *Das Alter*: »Ein ehemaliger Mechaniker ist kein Mechaniker mehr. Er ist nichts.« Im Gegensatz zu den Frauen können die meisten Männer nicht auf kontinuierlich ausgeübte Alternativrollen zurückgreifen, mit denen sie die entstandene Lücke nun füllen könnten*.

Jeder Abschied ist ein kleiner Tod – und dieser Abschied ist nicht nur ein kleiner. Unsere Gesellschaft sieht für alle wichtigen Übergänge im Leben Rituale vor, welche die Statuspassage von dem einen in den anderen Zustand und die dazugehörige komplexe emotionale Gemengelage bewältigen helfen soll. Wohl dem Mann, der sich über eine Ablösephase in den Ruhestand hinein entwickeln kann und mit einem angemessenen Ritual würdig verabschiedet wurde. Doch wie oft finden sich Männer im Zuge von Massenentlassungen, Erwerbsunfähigkeit oder von

---

* So lassen sich, neben anderen Gründen, die Ergebnisse einer aktuellen Untersuchung der Kölner Gesellschaft für Sozialforschung (Forsa) erklären: Ein knappes Viertel der nicht mehr Erwerbstätigen wünscht, eine bezahlte Tätigkeit auszuüben. Bei den durch Frühruhestandsregelungen »freigesetzten« 60- bis 65-Jährigen sind dies sogar rund 40 Prozent
(www.altern-in-deutschland.de/de/presse/forsa_umfrage.html).

gedanken- und lieblosen Unternehmenskulturen plötzlich vor dem für sie für immer verschlossenen Werkstor wieder? Und müssen dann sehen, wie sie – und natürlich auch die dort Zurückgeblieben – mit ihren Gefühlen alleine klar kommen?

> *Die »Verabschiedung« von Herrn W. zeigte allen Mitarbeitern, welchen Stellenwert sie bei ihrem Chef hatten. Nach zehnjähriger engagierter und verdienstvoller Betriebszugehörigkeit hatte Herr W. sich darauf gefreut, dass ihn der Betrieb angemessenen verabschieden würde. Doch es kam nichts. An seinem letzten Arbeitstag zeigte Wolfgang W. seinem Chef mit einer Postkarte sein Ausscheiden an – und auch dieses Signal blieb ohne Reaktion.*

Wie kann der Blick nach vorne gehen, etwas produktives Neues beginnen, wenn der vorhergehende Lebensabschnitt nicht abgeschlossen werden konnte? Wenn die Kränkung, der Abschiedsschmerz und die Trauer keinen Raum hatten? Eine gelingende Neuorientierung im Leben setzt immer eine gelungene Ablösung voraus. *Wie man in den Beruf hineinkommt, kann einem jeder sagen, aber wie wieder heraus, niemand*[10]. Was man vielleicht durcharbeiten sollte, um gut aus dem Beruf heraus zu kommen, das hat die Trauerforschung beschrieben. Trauer und Abschiede durchlaufen häufig typische Phasen: Nach dem anfänglichen Nicht-wahrhaben-Wollen, nach Widerstand und Resignation, folgt die kritische Weichenstellung: Die einen bleiben in der Verbitterung und im depressiven oder psychosomatischen Leiden stecken, während die anderen ihre Trauer verarbeiten und zur Akzeptanz und damit zu einem Neuanfang finden.

Am Ende des Berufslebens kann es hilfreich sein, sich über seine Stimmungslage klar zu werden:

- Mit welchen Gefühlen oder mit welchem Gefühlsmix verlasse ich meinen Betrieb? Ist es Wut, Freude, Trauer, Scham, Erleichterung?
- Wer und was werden mir fehlen? Welche Menschen, welche Alltagsstrukturen, welche Herausforderungen, welche lieb gewordenen Gewohnheiten und Alltagsrituale?
- Was davon brauche ich auch künftig als Leitplanken in meinem Leben, wie könnte ich das Fehlende ersetzen?
- Wie sieht die Bilanz meines Berufslebens aus? Was waren meine Erfolge, was ist weniger gelungen?

**Brief an den Nachfolger**

Schreiben Sie doch einmal einen Brief an Ihren Nachfolger, in dem Sie alles, was Sie an Gedanken und Rückmeldungen zu Ihrem Arbeitsplatz haben, einem Ihnen vielleicht unbekannten Nachfolger in Form einer freundlichen Empfehlung hinterlassen: »Lieber Nachfolger, was mir wichtig war und was ich dir empfehle ...« Womöglich werden Sie diesen Brief nie abschicken, aber ein solch schriftlicher Dialog kann eine gute Hilfe sein, mit sich ins Reine zu kommen. In klug geführten Betrieben wird man um solch eine ehrliche Form der Organisationsanalyse gelegentlich ausdrücklich gebeten.

- Was bin ich wem noch schuldig, mit wem würde ich gerne noch etwas klären?
- Gab es ein für mich stimmiges Abschiedsritual? Was sollte ich diesbezüglich vielleicht noch in einer selbst gestalteten Form nachholen? Zum Beispiel wäre da an eine Ruhestands-Eintrittsparty zu denken, bei der alle Gäste darum gebeten werden, Ihnen drei schriftliche Empfehlungen und Tipps für das Leben nach dem Beruf mitzubringen.

## Willkommen im Witwenclub!

Waren die kollegialen Kontakte während des Berufslebens ausreichend und befriedigend, so findet sich mancher Mann nun zu Hause ohne ein freundschaftliches Netzwerk wieder. Nur jeder zweite Mann hat im Alter regelmäßig außerhäusliche Kontakte, ein Drittel gelegentlich, ein Viertel selten oder nie. Die sozialen Netzwerke der Männer sind insgesamt deutlich kleiner als die der Frauen. So wird, sofern vorhanden, die Partnerin oft zur wichtigsten, weil einzigen Gefährtin. Alle sozialen Bedürfnisse wollen von ihr befriedigt sein, was der Altersbeziehung zwar eine neue Qualität geben kann, allerdings korrespondierende Wünsche der Partnerin voraussetzt. Wahrscheinlicher ist jedoch eine Asymmetrie in der Beziehung, wo die vergangenen Jahrzehnte doch jeder der beiden zu großen Teilen seiner eigenen Wege ging. Wenn *Papa ante portas* steht, um mit seiner Frau Versäumtes nachzuholen und mit ihr den Lebensabend zu gestalten, trifft er womöglich auf eine Gefährtin, die längst ihre eigenen sozialen Netzwerke geschaffen hat. Mancher Mann mag sich da wie der Alterns-forscher Erich Schützendorf fühlen, dem seine Frau und ihre Freundinnen wie ein Club von zukünftigen Witwen vorkommen, »die schon mal einen Verein gründen, aber mit der Mitgliedschaft noch warten müssen, bis eine ent-scheidende Voraussetzung erfüllt ist.«[ll]

Der Ruheständler hat nicht nur seine berufliche, son-dern auch seine private Rolle, seinen Status und Selbst-wert verloren. Konnte sich der Mann – vor allem in der klassischen Rollenteilung – als der Familienernährer defi-nieren, was eine entsprechende traditionelle Arbeitstei-lung legitimierte, findet sich der aus dem Berufsleben heimgekehrte Mann in einem eigentümlich rollenlosen Zustand wieder, der ihm keinerlei Orientierung dafür ver-mittelt, wie er sich fortan zu verhalten hat. Der Haushalt ist schon seit Jahrzehnten zur Domäne der Frau gewor-den, wo der Mann bestenfalls als gelegentlicher Handlan-ger gefragt und erwünscht ist, der seinen nominellen Mit-besitz am Haus aber bloß nicht als einen Anspruch auf Mitgestaltung desselben missverstehen möge. Wenn Diet-hard D. sich als »qualifizierte Fachkraft für Entsorgung« bezeichnet, so spürt man hinter der Selbstironie etwas von dieser Verunsicherung. Darum fürchten sich häufig mehr die Frauen als die Männer vor der Rückkehr des Mannes nach Hause. In Japan, wo sich die Scheidungen im Alter innerhalb von 20 Jahren vervierfacht haben, bezeichnen die alten Frauen ihre Männer gelegentlich als »Sodai-gomi«, was so viel wie *Sperrmüll* bedeutet. Was bleibt für den Mann? Die Rolle des Gastes? Aber Gäste sind ja eigent-lich dadurch bestimmt, dass sie sich rechtzeitig wieder aus dem Staub machen … Gelegentlich könnte man den Eindruck bekommen, dass die überall aus dem Boden sprießenden (Halb-)Marathon-Läufe ihre Konjunktur nicht zuletzt den Nestflüchtern im Seniorenalter verdanken, die dem häuslichen Elend so gut es geht davonlaufen.

Männer sind im Durchschnitt mit ihrer Ehe umso zufriedener, je älter sie sind, bei Frauen ist es eher umgekehrt[12]*. Es gibt mutmaßlich mehr Leid und Elend in Altersehen als gemeinhin vermutet. So nimmt es nicht wunder, dass sich die Scheidungsquoten von Altersehen seit den 70er-Jahren verdoppelt haben und es zu zwei Dritteln die Frauen sind, von denen die Scheidung eingereicht wird[13]. Findet sich der Mann alleine wieder, ob durch Scheidung oder Verwitwung – Letzteres betrifft immerhin 15 Prozent aller Männer über 65 – kommt er damit deutlich schlechter zurecht als die Frauen. Wo die Ehefrau die einzige Gefährtin war, bei der alle Bedürfnisse aufgehoben und versorgt schienen, ist ein Leben ohne diese Partnerin nur schwer vorstellbar. Geschiedene oder verwitwete Männer haben darum ein über doppelt so hohes Mortalitätsrisiko wie verheiratete[14]. Für die Ehe im Alter kann und sollte man daher etwas tun und dazu kann eine professionelle Hilfe von außen sehr hilfreich sein.

Wie schlecht die Männer mit Alter und Einsamkeit zurechtkommen, davon zeugen auch die Suizidraten. Die Selbsttötungsrate der alten Männer ist dreimal höher als die der Frauen, über 75-jährige Männer bringen sich rund zehnmal so häufig ums Leben wie die unter 25-Jährigen[15]. Neben Einsamkeit sind weitere Gründe für Selbst-

---

* Eckart von Hirschhausen meint dazu: »Viele Frauen sind neidisch auf ihren Mann, weil der so glücklich verheiratet ist.«

tötung eine zunehmende Nutzlosigkeit und Sinnlosigkeit sowie drohender Autonomieverlust bei Gebrechlichkeit und Pflege. Es wächst die Angst, in einer Gesellschaft zur Last zu fallen, wo *Euthanasie* zunehmend wieder als akzeptabel und normal betrachtet wird: wenn von angeblicher »Überalterung« der deutschen Bevölkerung, von »Rentnerschwemme« und »sozialverträglichem Ableben« dahergeredet wird; wenn täglich aufs Neue von »unlösbaren Rentenproblemen« und den angeblich durch die teuren Rentner hervorgerufenen überproportionalen Belastungen der Krankenkassen zu lesen ist. Vor diesem Hintergrund kann der Selbstmord des alten Mannes nicht nur als der Endpunkt eines schleichenden Verlustes seiner männlichen Identität, sondern auch als letzter Akt im Kampf um seine Selbstbestimmung verstanden werden[16].

## Richtige Männer haben keine Probleme, sondern Lösungen

Der Übergang in den Ruhestand ist also eine umfassende Krise:

- die Infragestellung von Selbstwert, Status und vertrauten Rollen,
- der Verlust von sinnstiftenden Tätigkeiten,
- das Ausscheiden aus dem beruflichen Beziehungsnetz,
- der Eintritt in die bislang geschützte Domäne der Frau mit seinen Herausforderungen für eine positive Gestaltung von vielleicht weiteren 20 bis 30 Ehejahren,
- die am Horizont drohende Abhängigkeit und Hilfebedürftigkeit

– dies alles sind Herausforderungen, wie sie in diesem Umfang und dieser Intensität dem Mann kaum je zuvor abverlangt wurden. So nimmt es nicht wunder, wenn der *Ruhestand* bei vielen Männern zum innerlichen *Unruhestand* führt.

Nur wenige Männer sehen in dieser Krise keinen anderen Ausweg, als sich das Leben zu nehmen. Die meisten Männer scheinen mit dem Ruhestand zurechtzukommen. Diese Männer genießen die Entpflichtung, die Befreiung vom betrieblichen Diktat, das Ausschlafen, die neuen Spielräume, ihre späten Freiheiten. Sie bekunden im Gespräch, dass es ihnen eigentlich an nichts fehle. Aber ist solchen Selbstbekundungen wirklich zu trauen? Wann gibt ein Mann gegenüber anderen Männern denn zu, dass es ihm an etwas fehlt? Schon als kleine Jungen wurden wir dazu erzogen, Schmerzen und Leiden nicht zu zeigen, unsere Gefühle zu verleugnen, sie am besten gar nicht erst wahrzunehmen. So verpanzert sich Mann gegen sein Innenleben und spaltet seine Emotionen ab, denen dann als einziges Überdruckventil der Weg über mehr oder weniger diffuse somatische Beschwerden bleibt. Noch weniger wird Mann in einem Lebensbereich, in dem scheinbar alle Männer außer ihm glücklich sind und für den er sich selbst verantwortlich fühlt, sich und anderen eingestehen, dass es ihm an etwas fehlt. Ein »richtiger« Mann ist seines Glückes Schmied, und wenn ihm sein Werkstück misslingen sollte, meint er folgerichtig, selbst daran die Schuld zu tragen*.

Mit dieser mangelnden inneren Verbindung zu sich selbst geht bei vielen Männern auch eine äußere Distanzierung einher, die Unabhängigkeit verspricht, die doch den Männern so wichtig ist. Schweigen entspricht diesem Rollenmuster, erlaubt Kontrolle, wo die Angst vor Nähe zu groß wird. »Männer verfallen oft in eine Art von Trance, in einen selbsthypnotischen Zustand, in dem sie schlecht erreichbar sind, und den sie bei Überforderung als Rückzugsraum aufsuchen.«[17] Besonders da, wo die männliche Identität bedroht ist, kann das Verstummen für den Mann Schutz versprechen. »Das Grundproblem des ›beschädigten‹ Mannes«, stellt der Männerforscher Lothar Böhnisch fest, »ist die Sprachlosigkeit (funktionelle Stummheit) – gegenüber sich selbst und im Hinblick auf das, was ihn bedroht.«[18] Der mangelnde Austausch mit anderen Männern verhindert, dass die Belastungen in dieser Lebensphase wahrgenommen und artikuliert und so überhaupt erst einer Bearbeitung zugänglich werden. Ohne den solidarisierenden Austausch unter Männern in ähnlichen Situationen wird das Leiden nicht als ein für diesen Übergang typisches, sondern als persönliches oder ein Versagen in der Partnerschaft individualisiert. Was wiederum die Scham und das Verstummen verstärkt. Auch wenn es noch so schwer fallen mag: Mann sollte daher unbedingt (viel mehr) mit anderen Männern über diese und ähnliche Fragen reden.

---

\* Wie Eugen Roth schon trefflich reimte:
*Ein Mensch, der sich ein Schnitzel briet,*
*Bemerkte, dass ihm das missriet.*
*Jedoch, da er es selbst gebraten,*
*Tut er, als wär' es ihm geraten,*
*Und, um sich nicht zu strafen Lügen,*
*Isst er's mit herzlichem Vergnügen.*

## *Männlichkeit muss man sich Zeit seines Lebens verdienen*

Unser Drittes Alter, jene Zeit nach dem Beruf, in der wir körperlich noch gut beieinander sind, mit geschärftem Verstand auf dem Gipfel unserer Lebenserfahrung stehen, materiell weitgehend abgesichert sind, ist ein historisches Neuland. Noch unsere Großeltern lebten in einer Altersstufung, die nach einem langen Arbeitsleben nur noch eine vergleichsweise kurze Phase des Alters kannte, die meist mit Gebrechlichkeit und Siechtum gleichgesetzt war. Wir haben also keine Vorbilder für die Gestaltung dieses fortgesetzten Erwachsenenlebens jenseits der Berufstätigkeit. Auch können wir uns nicht mehr von gesellschaftlichen Konventionen leiten lassen, die uns für das nachberufliche Leben den Weg weisen. Alles ist erlaubt, alles scheint möglich, alles wird von irgendjemandem vorgelebt. Der Bungee-Sprung zum 80. Geburtstag oder der uns im Fernsehen mit seinem Gesang beglückende 104-Jährige repräsentieren späte Freiheiten, deretwegen man unsere Großväter wahrscheinlich noch entmündigt und weggesperrt hätte.

Mangels geeigneter Vorbilder und Konventionen müssen wir uns auf einen persönlichen Suchprozess einlassen und unseren eigenen Weg (er)finden, für den es nur ein paar allgemeine unterstützende Wegweiser geben kann. Die Hauptrichtung dieses Suchprozesses, die Grundhypothese dieses Buches, ist allerdings eindeutig: Die Gestaltung des Dritten Lebensalters, der so genannte Ruhestand, kann nicht gelingen in einem Stand in Ruhe. Es geht um eine aktive Gestaltung des zweiten Lebens des Mannes, um ein Altersprojekt, um eine Aufgabe, die einem Bedeutung für andere vermittelt, um eine aktive Auseinandersetzung mit den Entwicklungschancen und Herausforderungen der ganzen Altersphase und um ein Eintreten für die Lebensbedingungen der nach uns kommenden Generationen. Damit soll keiner hektischen Altersbetriebsamkeit das Wort geredet werden, aber männliche Identität wird vor allem anderen eben durch Tätigsein und Gestalten vermittelt und stabilisiert. Denn Männlichkeit ist etwas, das man sich Zeit seines Lebens verdienen muss. »Jede erwachsene Frau verdient als solche Respekt. Aber in vielen Kulturen werden Männer nur dann respektiert, wenn sie sich diesen Respekt verdient haben.«[19]

## Vom Retire zum Retyre

Auch wenn es nicht an Ideen aus dem wohlmeinenden sozialen Umfeld oder an Ruhestandsratgebern zur »sinnvollen« Freizeitgestaltung mangelt, wollen diese Ratschläge oft nicht so recht greifen. Denn weder ist »sinnvoll« eine persönlichkeitsunabhängige Variable, noch hat Freizeit ohne ihr Pendant, die Arbeit, den notwendigen Gegenwert. Und nur selten wird ein neues Geschäft begonnen, so die Ergebnisse der Ruhestandsforschung, das nicht schon vor dem Ruhestand ausgeübt wurde. Die meisten Aktivitäten im Alter sind mit uns gealtert, sind spätestens im dritten Lebensjahrzehnt begonnen worden[20] und weisen eine hohe biografische Kontinuität auf. Und wenn es neben der Arbeit eben nichts gibt, was an Betätigungen mitgealtert ist, dann sind Langeweile, Sinnlosigkeit und Leere die drei Reisegefährten ins Alter, mit denen wir fortan unser weiteres Leben fristen. Darauf deuten unter anderem auch Zeitbudgetuntersuchungen hin: Mit über sechs Stunden pro Tag verbringen die 60- bis 69-Jährigen mehr Zeit als alle anderen Altersgruppen mit Medienkonsum[21]. Nun könnte man einwerfen, dass nach einem arbeitsreichen Leben gegen einen solchen Müßiggang doch eigentlich nichts einzuwenden sei? Da würde ich jedoch zu bedenken geben, dass »das größte Problem beim Nichtstun ist, dass man nicht weiß, wann man fertig ist«[22].

Was also tun? Sich mit den – meist wenigen – Aktivitäten bescheiden, die man neben dem Beruf über die Jahre in den Ruhestand hinübergerettet hat? Wie kann Neues entstehen? Neues fliegt einem nicht unbedingt zu, kann aber kommen, wenn man in der richtigen Mischung von aktiver Neuorientierung und abwartender Gelassenheit einen Suchprozess gestaltet. Für diese Neuorientierung gibt es ein paar hilfreiche Spielregeln:

- Eine vorübergehende Leere, Langeweile und Ohnmacht kann nach einem langen aktiven Leben eine normale und vielleicht heilsame Durchgangsphase sein. Wenn sie wach und bewusst durchlebt wird, kann sie erholsam sein und Platz für Neues schaffen*.

  So hat sich Gerhard B. nach einem turbulenten und engagierten Berufsleben eine zweijährige Auszeit gegönnt, in der er viel gelesen, meditiert und seine Partnerschaft genossen hat, bis ihm klar war, was nun für ihn dran war.

---

* Die Beraterin Barbara Langmaak empfiehlt in ihrem Buch *Ruhestand* hierzu, einen ganzen Tag lang einmal überhaupt nichts zu tun und an einem anderen allen seinen Impulsen nachzugehen.

▪ Ein bilanzierender Rückblick auf das Berufsleben hilft sortieren, was noch unerledigt, was abgeschlossen ist, was fortgeführt und an was in neuer Form angeknüpft werden kann.

*Herr M., der sein Berufsleben lang in der Sozialverwaltung tätig war, beschäftigt sich schon seit seinem Ruhestand vor 13 Jahren mit der Geschichte der Armutsbekämpfung in Deutschland. Er besuchte Geschichtsseminare an der Universität, geht in Bibliotheken und recherchiert im Internet, weil er wissen will: »Was habe ich eigentlich in meinem Berufsleben gemacht, wie ist das sozialpolitisch und historisch einzuordnen?« So macht er einerseits berufliche Vergangenheitsbewältigung, »die nicht immer nur angenehm ist«, ihm aber eine biografische Abrundung ermöglicht: eine Versöhnung damit, was unerledigt blieb und in den Grenzen des Systems auch nicht zu verändern war. Zur Verschriftlichung seiner Gedanken arbeitet er an einem Manuskript über den Umgang mit Armut in der Geschichte.*

▪ Dieser Suchprozess erfordert einen Begleiter, mit dem man seine Gedanken ordnen, der konstruktives Feedback geben kann und mit dem neue Perspektiven entwickelt werden können*.

---

* Wer meint, ein Mann könne seine Gedanken doch am besten im stillen Kämmerlein ordnen, sei an die Erkenntnis des renommierten amerikanischen Kommunikationsforschers Karl E. Weick erinnert: »Wie kann ich wissen, was ich denke, bevor ich höre, was ich gesagt habe?«

Bei Albrecht A. waren es einige Runden beim Bier, bei denen er mit einem Freund systematisch seine Neigungen und Aversionen, seine Begabungen und Schwächen, seine geheimen Wünsche und Träume auflistete, bis er wusste, welche »Zutaten« er für eine künftige Tätigkeit brauchte.

■ Nicht anders als seinerzeit bei der Wahl der richtigen Ausbildung oder der ersten Arbeitsstelle gibt es auch beim Einstieg in das zweite Leben Versuch und Irrtum. Es braucht darum eine Erlaubnis für ein Nichtgelingen, ein Jetzt-noch-nicht-Gelingen, das Vertrauen auf den richtigen Zeitpunkt und Zufall[23].

Enno E. musste erst noch einmal zwei Jahre bei der Renovierung des Hauses seines Sohns schuften, bis ihm klar war, dass er mit seinem Berufsleben auf dem Bau endgültig abschließen wollte, um fortan etwas völlig anderes zu tun.

Dieser Prozess zwischen Gelassenheit und Neuorientierung lässt sich mit einem englischen Wortspiel auf eine kurze Formel bringen[24]: In den Ruhestand gehen heißt im Englischen *retire*, was so viel wie *ermüdet innehalten* und *sich eine Zeitlang zurückziehen* bedeutet; doch dann sollte auch das *retyre* folgen, das Aufziehen von neuen Reifen, ein Neustart mit frischem Profil.

# Die vier Wegweiser in den Ruhestand

## 1 Die späte Freiheit auskosten

Wohl dem Mann,
der bereit ist,
seinen Preis zu zahlen,
um einen Traum zu verwirklichen!*

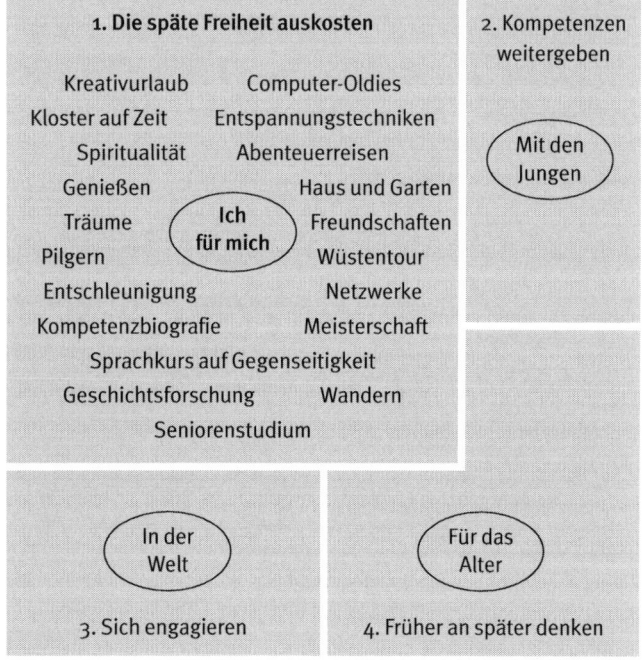

Wenn der Wecker eines Tages nicht mehr klingelt, wartet eine der größten Errungenschaften des modernen Sozialstaates auf uns: das Privileg, sich rund zwei entpflichtete

---

* Inschrift an einem französischen Kloster auf dem Jakobsweg.

Jahrzehnte bei guten körperlichen und geistigen Kräften, bei durchschnittlich stabiler materieller Absicherung seines Lebens freuen zu können, bevor danach jene Jahre kommen, die uns meist weniger gefallen. Es ist die große späte Freiheit, in der uns fast alles offen steht, in der wir Spiel- und Erfahrungsräume haben, von denen unsere Vorfahren nicht einmal zu träumen gewagt hätten. Wir dürfen, wir können, wir wollen so vieles, bis uns die Unbegrenztheit der Optionen womöglich überwältigt und lähmt. Denn wo alles geht, geht am Ende manchmal gar nichts mehr.

## Ruhestand? Nicht für mich!

Wohl dem also, der sein 63. oder 65. Lebensjahr schlichtweg nicht zur Kenntnis nimmt und einfach weitermacht? Jene Freiberufler oder Landwirte, die ihre erfüllende Arbeit langsam ausklingen lassen können? Jene zunehmende Gruppe von schlecht abgesicherten Rentnern, die gezwungen sind, zu ihrem kargen Altersruhegeld noch etwas hinzuverdienen zu müssen? Oder jene rastlosen *Anknüpfer*, die ihre bisherigen Tätigkeiten mit anderen Mitteln fortsetzen?

Dies alles kann eine gute Idee sein, mit seinem Dritten Alter umzugehen, sofern es nicht nur aus der bloßen Not geboren ist. Auch wenn es körperliche und psychische Verschleißberufe wie Bauhandwerker, Krankenpfleger oder Lehrer gibt, ist bei vielen Tätigkeiten nicht so recht einzusehen, warum sie mit 63 oder 65 abrupt einzustellen sind. Die heute 70-Jährigen weisen einen Gesundheitszustand auf, der jenem der 65-Jährigen vor 30 Jahren entspricht[25]; in vielen Branchen werden wir auf dem Höhepunkt unserer beruflichen Kompetenzen in den Ruhestand geschickt. Warum also nicht weitermachen, wenn es doch immer noch Spaß macht, wenn man weiterhin gefragt ist und weiterhin auf dem fachlichen Stand bleibt?

Allerdings bewegt man sich damit auf ein unausweichliches Problem hin: Wann kommt der zweite Ruhestand, wann hat man sich überlebt, wann wird man zum alten Narren, wann ist es endgültig Zeit aufzuhören? Die gesetzliche Zwangsaltersgrenze ersparte uns diese Frage; als alte Männer brauchen wir nun jedoch ein selbst gesetztes zweites Datum. Wohl dem, der dann noch Partner und Freunde hat, die sich nicht scheuen, einen zu gegebener Zeit mit der ungeschminkten Wahrheit zu konfrontieren, die man hoffentlich mit der entsprechenden Demut akzeptiert*.

Die Soziologen Gerhard Berger und Gabriele Gerngroß haben in einer Untersuchung unterschiedliche Zugänge zum Ruhestand betrachtet und vier Typen von Ruheständlern beschrieben:

- *Die Weitermacher* hören überhaupt nicht mit ihrer Arbeit auf. Selbstständige oder Künstler können meist frei entscheiden, wie lange sie ihre Arbeit voll oder in reduziertem Umfang weiter treiben wollen – oder aus finanziellen Gründen auch müssen.

---

* *»Alter heißt, nichts mehr anfangen zu können. Weise heißt, mit etwas aufhören zu können.«* (Bernd Kohlhepp)

- *Die Anknüpfer* bleiben zwar nicht in ihrem Beruf, nehmen aber ihre Kompetenzen und Tätigkeitsmuster aus ihrem Beruf in andere Aufgabenfelder mit und begründen dort ihre zweite »Karriere«.
- *Die Befreiten* haben ihre Arbeit als entfremdenden Zwang erlebt und wollen jetzt nur noch ihre neuen Freiräume genießen und ein völlig anderes Leben führen.
- *Die Nachholer* haben besonders unter den sachlichen und zeitlichen Einschränkungen des Erwerbs- und vielleicht auch Familienlebens gelitten und wollen jetzt all das nachholen, was in ihrem bisherigen Leben zu kurz kam[26].

Viele Berufe und Tätigkeiten lassen ein Weitermachen nicht zu, nach 30 oder 40 Berufsjahren wünschen sich viele Männer nicht noch mehr desgleichen, wollen Schluss machen mit der eindimensionalen Monobelastung\*, sind froh, sich endlich verabschieden zu können, wollen frei sein und Neuland entdecken. Nach den Ruhestands-Flitterwochen mit Ausschlafen, Faulenzen und zur Ruhe kommen, nach der danach sich vielleicht einstellenden notwendigen Leere und Langeweile, kann es Zeit für einen umfassenden systematischen Selbst-Check sein: Es gilt Antworten auf einige wichtige Fragen zu suchen, um Orientierungspunkte für das neue Gelände und seinen Ruhestandstyp zu finden.

---

\* Auch wenn vielfach von der »Doppelbelastung der Frau« als einer Benachteiligung gesprochen wird, ist sehr zu bezweifeln, ob die Monobelastung des Mannes ein Vorteil ist.

## Inventur und neue Koordinaten

Mit Blick auf den Beruf und das bisherige Leben lohnt es sich, eine kritische Bestandsaufnahme zu machen, eingefahrene Gewohnheiten zu überprüfen, sich von unnötigem Ballast zu befreien, um frei für Neues zu werden:

- Was waren die am meisten belastenden Einschränkungen und Defizite meines Berufslebens? Welcher ungeliebten Fremdbestimmung war ich unterworfen, was machte für mich am wenigsten Sinn? Wo spürte ich am deutlichsten meine mangelnde Zeitsouveränität?
- Welchen vielleicht zur Gewohnheit gewordenen, aber eigentlich nutzlosen oder nutzlos gewordenen Ballast trage ich mit mir herum, den ich endlich loswerden sollte?
- Was von all dem, was ich heute tue, würde ich nicht noch einmal beginnen? Was davon will ich endgültig hinter mir lassen? Wem muss ich nicht mehr nachjagen, was will und kann ich aufgeben?
- Auf welches Bedürfnis musste ich verzichten, das mir heute wirklich wichtig ist?
- Was rede ich mir selbst ein oder wird mir nur von meiner Umwelt oder der Konsumindustrie eingeredet? Was kann ich mir als Angehöriger einer überwiegend privilegierten Generation nur auf Kosten von anderen, insbesondere der Jugend herausnehmen?

Wer gewohntes Terrain verlässt und sich in unbekanntes Neuland begibt, braucht neue Koordinaten für seinen weiteren Kurs. Er sollte seine Stärken kennen, um mit seinen ersten Schritten im unbekannten Territorium kleine

Erfolgserlebnisse zu erfahren, die ihn zu weiteren Erkundungen ermutigen:

- Wie wichtig ist es mir, Herr über meine Zeit zu sein? Welches Maß an Selbstbestimmung brauche ich?
- Wie muss eine Tätigkeit beschaffen sein, die mir Sinn gibt? Wo will ich von der Zerstreuung, vom bloß Vergnüglichen zum Bedeutsamen und Wertvollen wechseln?
- Welche Bedingungen brauche ich künftig, um dem mir Wichtigen Raum zu geben?
- Welche Kompetenzen habe ich im Laufe meines Berufslebens entdeckt und entwickelt? Was – vor allem auch an eher Unscheinbarem und Kleinem – kann ich wirklich gut und macht mir Spaß? Welche dieser vielen großen und kleinen Kompetenzen will ich weiter ausbauen, wo will ich Meisterschaft anstreben?

**Meine Kompetenzbiografie**

Schreiben Sie doch einmal eine Kompetenzbiografie, das heißt eine Biografie, in der Sie systematisch erarbeiten, was Sie stark gemacht hat und wo Sie sich als kompetent erlebt haben. Dafür wäre es zur Bilanzierung und Abrundung Ihres Berufslebens jetzt sowieso an der Zeit. Am besten geht das in Form von zwei Spalten:

- In der linken Spalte beschreiben Sie – ohne groß nachzudenken – zunächst einmal, alles an Erfreulichem und Betrüblichem, an Gelungenem und weniger Gelungenem, an das Sie sich aus Ihrem Beruf – und wenn Sie mögen, auch außerhalb – erinnern.

- Die rechte Spalte hat die Überschrift *Und daraus habe ich gelernt, das ist meine Stärke (geworden)*. In dieser Spalte leiten Sie in einem zweiten Schritt aus *allem,* was links notiert ist, also einschließlich Ihrer Schattenseiten, konsequent Ihre daraus resultierenden Ressourcen ab. Sie werden garantiert feststellen, dass Sie viel mehr Fähigkeiten und Stärken haben, als Sie dachten!

Schreiben Sie, denn Schreiben kann – nicht nur für den schweigsamen Mann – eine wunderbare Klärungshilfe für nebulöse Gedanken, für innere Verstrickungen, für verwickelte Probleme sein.

In der Berliner Altersstudie, einer groß angelegten Längsschnittuntersuchung, wurden drei zentrale Faktoren für ein *erfolgreiches Altern* identifiziert: Selektion, Optimierung und Kompensation. Wir können in großer Zufriedenheit altern,

- wenn wir uns – nicht nur, aber auch angesichts altersbedingter Einschränkungen – von dem verabschieden, was wir nicht mehr brauchen, was uns schwer fällt, was uns keinen Spaß macht, und das selektieren, was wir gut können und uns befriedigt;
- wenn wir das so Selektierte durch Konzentration und Übung optimieren und vielleicht sogar noch zu später Meisterschaft bringen;

■ wenn wir zunehmende Schwächen und Defizite nicht zu sehr beklagen, sondern durch unsere Stärken, durch veränderte Rahmenbedingungen oder durch Zielkorrekturen kompensieren[27].

### Meister auf Abenteuerreisen

*Pünktlich zu seinem 60. Geburtstag zog Ludwig L. einen klaren Schlussstrich unter sein Berufsleben als Malermeister. Der Sohn hatte gedrängt, sein Herz hatte gekränkelt. Bereits seit zwei Jahren hatte er sich mit seinem Sohn jedes Quartal zusammengesetzt, um dem Nachfolger Schritt für Schritt den Betrieb zu übergeben; Vater und Sohn hatten sich gegenseitig auch klare Rückmeldungen gegeben – vorsichtshalber war immer auch die Ehefrau und Mutter als »Streitschlichterin« mit am Tisch, die zudem mit Protokollen über die Einhaltung der Verabredungen wachte. Um nach 40 Berufsjahren den Abschied auch wirklich zu bewältigen, kam Ludwig L das Anliegen seines Vereins gerade recht, den Bau eines neuen Vereinsheims zu managen. Nun war er Architekt, Bauherr und Capo seiner Rentnertruppe, mit der er fast jeden Tag auf der Baustelle schuftete. Da blieben für den Betrieb des Sohnes leider oder besser glücklicherweise keine Energien mehr übrig, so dass dem einen ein guter Start und dem anderen eine gelungene Ablösung beschert wurde.*

*Danach war ihm klar, dass etwas Neues anstand: »Ich muss immer etwas Produktives tun.« Und dass Putzen und sonstige Haushaltsmithilfe nicht anstanden, darüber war er sich mit seiner Frau einig. Per Zufall geriet er an den Senioren-Experten-Service (SES), der kom-*

petente Fachleute im Ruhestand für Entwicklungsprojekte in die ganze Welt schickt. In die Ferne gezogen hatte es Ludwig L. schon immer, bereits als junger Mann hatte er mit der Handelsmarine die weite Welt erkundet. Jetzt war er bereit, dem Ruf des SES nach Moldawien zu folgen. »Viel Vorbereitung gab es nicht, es wurde halt jemand gebraucht, der dort etwas für die Berufsausbildung tun sollte.« Da war es gut, dass er vorher wenigstens noch mit einem anderen Entwicklungshelfer gesprochen und mit einem gut bestückten Werkzeugkoffer angereist war. Denn vor Ort bestand die ganze »Lehrwerkstatt« aus ein paar angebrochenen Farbtöpfen und einigen alten Pinseln. Dank seiner guten Beziehungen zu Lieferanten in Deutschland, die ihre Auslandsfilialen mobilisierten, konnte er das nötige Lehrmaterial organisieren und Ausbildern und Auszubildenden modernes Know-how vermitteln. Konfrontiert mit viel Mangel und Armut »lernte ich die Welt mit ganz anderen Augen zu sehen – wir leben im Paradies und wissen es nicht«. Sein Werkzeug hat er deswegen auch bei den jungen Leuten zurückgelassen.

Auch wenn er einige Zeit brauchte, das Gesehene zu verdauen, freut er sich schon auf den nächsten Auftrag in der Ukraine. Es reizen ihn die Herausforderung und das Abenteuer, »sich durchbeißen, wenn man ganz auf sich gestellt ist«. Und er will den Jungen »eine lohnende Zukunft zeigen«, ihnen Hoffnung vermitteln und zeigen, dass es sich lohnt, etwas Vernünftiges zu lernen. In der Zwischenzeit geht er seiner Liebe für die Kunstmalerei nach, für die er sich in sein Atelier zurückzieht, um wieder einmal eine neue Technik zu *erproben. Als Malermeister denkt er dabei auch ans Praktische und hat sein Vereinsheim mit seiner Kunst am Bau verziert. »Das gefällt zwar nicht allen, aber die müssen sich halt dran gewöhnen.«*

*Alter und Pflege sind für Herrn L. kein Thema, »was soll ich mir heute Gedanken machen, wo ich vielleicht pumperlgesund sterbe oder von der Straßenbahn überfahren werde?« Immerhin hat er sein Haus auf den Kanaren rollstuhlgerecht gebaut und will nicht ausschließen, mit seiner Frau dort seine letzten Jahre zu verbringen. Allerdings hat er schon einige andere von dort im Alter nach Deutschland zurückkommen sehen, nicht zuletzt wegen der medizinischen Versorgung.*

**Reisen für Experten**

Senior Experten wollen ihr berufliches Wissen auch nach dem Ruhestand an Jüngere weitergeben. Der *Senioren Experten Service* ist eine Stiftung der Deutschen Wirtschaft für internationale Zusammenarbeit, die interessierten Menschen im Ruhestand die Möglichkeit bietet, ihre Kenntnisse und ihr Wissen an andere im Ausland und in Deutschland weiterzugeben. Bislang mehr als 8000 Senior Experten sind vorwiegend in kleineren und mittleren Unternehmen und Einrichtungen der Berufsbildung und im Gesundheitswesen tätig, aber auch für Organisationen und Institutionen wie beispielsweise die Deutsche Gesellschaft für Technische Zusammenarbeit.                                    www.ses-bonn.de

Das schweizerische Pendant ist das Senior-Experten-Corps.
www.swisscontact.ch

Viele *internationale Organisationen* sind sowohl am Engagement junger als auch an der Lebenserfahrung älterer Menschen interessiert. Wer also einmal abseits von touristischen Pfaden reisen möchte, einen intensiveren Kontakt zu Land und Leuten sucht, sich auf ein neues Abenteuer einlassen möchte, kann sich für ein Engagement zwischen einigen Wochen und mehreren Monaten entscheiden. Die berufliche Qualifikation spielt bei vielen Einsätzen eine geminderte Rolle, in anderen Projekten sind fachlich qualifizierte Freiwillige wie etwa Ärzte, Handwerker oder Ingenieure gesucht. Ein Liste der Trägerorganisationen mit Angeboten für Freiwillige jenseits der 30 ist zu finden unter www.internationale-freiwilligendienste.org

## Experimentierfeld Ruhestand

Die *späte Freiheit* eröffnet wunderbare Spielräume zum Experimentieren und zum Erkunden von Neuland. Sie lädt ein, sich auf neue Herausforderungen einzulassen und vielleicht auch den einen oder anderen Irrweg zu beschreiten, um schließlich das Seine herauszufinden:

- Welche meiner Begabungen und Fähigkeiten habe ich brachliegen lassen? Welche meiner Seiten sind unterentwickelt, in einem zu einseitigen Berufsleben zu kurz gekommen?
- Welches Hobby sollte ich wiederbeleben oder intensivieren?
- Welche handwerklichen, kreativen, spielerischen, musischen Potenziale, die ich früher einmal gelebt habe, sind verkümmert oder schlummern in mir? Will ich zum Beispiel dem Malen oder dem Singen, das vielen Jungen in der Schulzeit nachhaltig vergällt wurde, eine neue Chance geben?
- Welche Gaben und Talente sollte ich zum Leben erwecken, indem ich möglicherweise an berufliche Kompetenzen andocke und etwa meine Erfahrungen im Schweißen, im Formulieren, in der Vorgesetztenrolle ausbaue zum Kunsthandwerklichen, zum Schreiben, zum Theaterspielen?

**Kreativität (wieder)entdecken**

Die Kataloge der *Volkshochschulen* oder die Programme von *Bildungsstätten* geben einen breiten Überblick und gute Anregungen für derartige kreative Betätigungen. Gelegentlich öffnen auch Künstler ihr Atelier, bieten Kurse an und können Ihnen Zugang zu kreativen Kreisen verschaffen. Lassen Sie sich nicht entmutigen, wenn Ihnen Ihre ersten Schritte zu dilettantisch vorkommen oder andere Kursteilnehmer schon viel weiter sind (es gibt

Leute, die immer wieder in Anfängerkurse gehen, weil Sie sich damit ein garantiertes Erfolgserlebnis verschaffen). Bevor Sie die Flinte vorschnell entmutigt ins Korn werfen, erinnern Sie sich gelegentlich daran, wie viele Jahre regelmäßigen Trainings Sie gebraucht haben, um gut Tennis oder ein Instrument spielen zu können.

Hilfreich kann es sein, das Neue an einem anderen Ort und mit ausreichend innerer und äußerer Muße zu erproben. Viele interessante Einträge zu Kreativangeboten und Urlaub findet man zum Beispiel unter www.kreativurlaub.com

## *Was Hänschen nicht lernt, lernt Hans*

Nach sechs Jahrzehnten Schule und Schulung, nach abertausend Seiten Pflichtlektüre, nach der x-ten Umstellung auf wieder eine neue Technologie oder Software kann es eine große Befreiung sein, endlich nicht mehr vom Betrieb Verordnetes lernen zu müssen. Aber kann und will ich es mir leisten, angesichts einer weiteren Lebensspanne von vielleicht 30 Jahren heute ganz mit dem Lernen aufzuhören?

- Welche Themen interessieren mich nach einem möglicherweise durch Fachliteratur dominierten Berufsleben eigentlich noch wirklich? Worauf bin ich oder wo war ich dereinst echt neugierig? Wie könnte ich diesen Forscherdrang wiederbeleben?

■ Was will ich mir keinesfalls mehr antun? In welcher Form von Lernen, in welchem Lernarrangement könnte ich mich wohlfühlen?

■ Was muss ich lernen, um mit den technischen Herausforderungen der nächsten 30 Jahre umgehen zu können? Wo muss ich dranbleiben, um mit den Jungen – ohne mich anzubiedern – in Kontakt bleiben zu können?

**Computer-Oldies**

Sollte Sie die Frage umtreiben, ob es sich für Sie noch lohnt, sich mit dem Computer und dem Internet vertraut(er) zu machen, so ist dies mit einem bedingungslosen Ja zu beantworten – schon allein deswegen natürlich, um all die in diesem Buch angeführten Internetadressen studieren zu können.

Das Internet wird immer mehr zu einem unverzichtbaren Fenster zur Welt, über das zunehmend informiert, kommuniziert und gehandelt wird. Viele Informationen sind fast nur noch über das Internet zu bekommen; persönliche Serviceleistungen werden mehr und mehr ausgedünnt oder mit Strafgebühren belegt werden – darum sollten auch Computernutzer gelegentlich mit ihrem leibhaftigen Auftreten dafür sorgen, dass wir nicht bloß noch mit Maschinen kommunizieren. Kinder und Enkelkinder werden immer seltener Briefe schreiben, aber mit Vater und Opa gerne über E-Mail und Online-Dienste kommunizieren und ihre Bilder schicken;

bei zunehmender Immobilität im Alter wird das elektronische Netz zu einer wichtigeren Verbindung zur Außen- und Warenwelt.

Um sich mit all dem vertraut zu machen, ist man fast nie zu alt. In nahezu jeder größeren Stadt gibt es inzwischen Initiativen, wo etwa Schüler ältere Menschen behutsam in die Computerwelt einführen oder ihnen neue virtuelle Welten eröffnen. Finden kann man solche Gruppen oft bei den so genannten *Mehrgenerationenhäusern,* die im Rahmen eines Bundesprogramms in jedem Landkreis in Deutschland eingerichtet wurden und wo es auch andere generationsübergreifende Aktivitäten gibt: www.mehrgenerationenhaeuser.de

- Will ich noch einmal etwas ganz genau wissen?
- Will ich mich auf ein völlig neues, fremdes, gar verrücktes Thema einlassen?
- Will oder muss ich mir noch etwas beweisen?
- Brauche ich für meine innere oder äußere Lebensabrundung noch einen formalen (Studien-)Abschluss oder gar eine Promotion oder Ähnliches?

*Vom Briefmarkensammler zum Geschichtsexperten*
*Begonnen hatte es eigentlich mit seiner Freude an einer stattlichen Briefmarkensammlung, an der Diethard D. auch andere teilhaben lassen wollte. So stellte er eines Tages seine Marken mit historischen Motiven, zu denen er kurze Texte schrieb, ins Internet. Aus der kleinen*

*Homepage hat sich inzwischen ein historisches Lexikon von vielen hundert Seiten entwickelt, das pro Tag mehr als 500 Zugriffe zählt, nicht wenige auch aus dem Ausland; inzwischen wird sie sogar als Quelle in historischen Seminaren empfohlen.*

*Nachdem der Erwachsenenbildner mit 63 in den Ruhestand ging, gönnte er sich zunächst eine »wunderschöne Genusszeit«, mit absolutem Nichtstun und im Garten sitzen. »Dann hatte ich mir eine lange Latte von Aktivitäten überlegt, die ich mir heute gelegentlich amüsiert wieder anschaue, weil ich nichts von all dem angepackt habe.« Nach ein paar vergeblichen Versuchen, als Erwachsenenbildner noch ein wenig im Geschäft zu bleiben, besann er sich auf seine alte Ader, sein Interesse an geschichtlichen Zusammenhängen. So schrieb er sich als Gasthörer an der Universität ein, um seither einmal pro Woche eine historische Vorlesung zu besuchen. Seminare besucht der mittlerweile 70-Jährige nicht, »denn neun von zehn Studierenden gehören zu den Grauhaarigen, da will ich keinem von den Jungen einen Platz wegnehmen«.*

*Auf seinen Wanderungen und Ausflügen wurde Diethard D. immer wieder bewusst, wie wenig er von Land, Leuten und deren Geschichte wusste, und so ist es vor allem die Landesgeschichte, die ihn interessiert. Derzeit geht es um die Erdgeschichte, »wo ich herausfinden will, auf welchem Boden ich ständig herumlaufe«. Immer mehr werden seine Geschichtsstudien auch zu persönlichen, lebensbiografischen Auseinandersetzungen. Vom jeweiligen Semesterthema lässt er sich zu eigenen Studien anstiften, nimmt das Thema*

*»Kreuzzüge« zum Anlass für einen Urlaub mit seiner Frau in Istanbul und lässt sodann »seine Gemeinde im Netz« an den Ergebnissen seiner Recherchen teilhaben.*

*»Seine Gemeinde«, das sind Leute mit kritischen – gelegentlich auch skurrilen – Rückfragen, Diskutanten, Ideengeber und all diejenigen, die im Internet und in Büchern auf seine Seite verweisen. Er genießt diese Resonanzen.*

*Auch wenn Herr D. im Schnitt die halbe Woche für sein Projekt verwendet, verspürt er keinen Zwang zur Vollständigkeit. »Entscheidend ist für mich, dass es mir persönlich etwas bringt, und es gibt Zeiten, wo ich einfach keine Lust habe und mir vom PC nichts diktieren lasse.« Je länger, desto mehr wächst seine Entdeckungslust an unserer/seiner unendlichen Geschichte, und er kann sich gut vorstellen, noch weitere zehn Jahre daran zu bleiben. »Sollte ich mich eines Tages nicht mehr gut bewegen können, ist das doch ein ideales Fenster zur Welt und zu vielen Menschen.«*

*Natürlich gibt es im Leben von Herrn D. nicht nur virtuelle, sondern auch ganz leibhaftige, reale Sozialkontakte. Seine Frau ging fast gleichzeitig in den Ruhestand und so war eine neue Arbeitsteilung kein Problem. Auch wenn einmal jemand behauptet hatte, sein Lebensmotto sei gewesen »Hüte dich vor allem, was einen Stiel hat!«, sei er inzwischen doch eine »qualifizierte Fachkraft für Entsorgung« geworden. Die beiden praktizieren eine klare Arbeitsteilung, wo jeder im Haushalt seinen eigenen Bereich hat. »Nach Feierabend« gibt es mit seiner Frau, die mit ehrenamtlichen Engagements ihrer »Arbeit« nachgeht, viel aus den je-*

*weiligen Welten auszutauschen; und als Sänger in sei-*
*nem Chor steckt er mitten im prallen Leben. Eine histo-*
*rische Aufarbeitung all dessen, was er dort so singt,*
*wäre eine weitere spannende Herausforderung.*

## Anders studieren

Sehr viele Hochschulen machen inzwischen spezielle Angebote zum *Seniorenstudium* in ganz verschiedenen Fakultäten; als Gasthörer kann man
sich darüber hinaus fast überall gegen eine Gebühr
in einzelnen Vorlesungen oder auch Seminaren ein-
schreiben. Die Studierenden in manchen Veranstaltungen – etwa historischen Vorlesungen – sind zum
Teil schon mehrheitlich Ältere, was die Jungen allerdings nicht immer nur erfreut. Einen Überblick
über Studienangebote findet man unter
www.bildungsserver.de

Muss es denn überhaupt die Uni sein, oder wäre
ein *Volkshochschulkurs* oder ein Angebot in einem
kirchlichen *Bildungswerk* nicht viel passender?
Oder warum nicht ein Angebot auf Gegenseitigkeit
organisieren, wie dies vor vielen Jahren schon
Jungsenioren in Nordrhein-Westfalen mit ihrem
Projekt *Zwischen Arbeit und Ruhestand* erfolgreich
versucht haben? Inzwischen hat sich diese Initiative zu einem Netzwerk von über 1300 Gruppen
entfaltet, die von aktiven Jungsenioren jenseits 50
gestaltet werden: www.zwar.org

Wenn Sie im Urlaub schon lange ein paar vernünftige Sätze in der Landessprache sprechen können wollten, dann schauen Sie doch mal, ob es nicht einen Ausländer gibt, der mit Ihnen *auf Gegenseitigkeit* die jeweils *andere Sprache lernen* will; fragen Sie zum Beispiel im italienischen oder spanischen Verein oder hängen Sie einen Zettel an der Hochschule oder in der Bibliothek aus. Damit leisten Sie nebenbei auch noch einen handfesten Beitrag zu interkultureller Begegnung, Integration und Völkerverständigung.

## Was schulde ich Körper und Gesundheit?

Der Körper war für viele Männer lange Zeit ein Weggefährte, mit dem sie nicht allzu freundlich und fürsorglich umgegangen sind. Er hatte gefälligst seine verdammte Pflicht zu tun, war gelegentlich ein lästiger Störenfried und hält uns nun mit zunehmender Penetranz vor Augen, dass das Alter auch vor unserer Tür nicht haltmachen wird. Wo der Leib nun so unabweisbar zunehmende Aufmerksamkeit einfordert, könnte es ratsam sein, sich ein paar Gedanken zum weiteren Zusammenleben mit ihm zu machen:

- Was bin ich meinem Körper schuldig geblieben? Wie achtsam oder gedankenlos, wie liebevoll oder lieblos bin ich mit meinem Körper umgegangen? Was habe ich für meine Fitness, für meine Ernährung, für mein Gewicht, für meine Gesundheit insgesamt getan? Wann habe ich mich zum letzten Mal rundum untersuchen lassen?

- Welchen Preis werde ich bezahlen müssen, wenn ich meine bisherige Lebensweise unverändert fortsetze?
- Welche Zeit und Energie sollte ich fortan investieren, um meinem Leib, dem *alternden Gesellen*[28], mehr liebevolle Zuwendung schenken zu können?
- Was kann ich nicht mehr, was sollte ich nicht mehr wollen, wofür bin ich zu alt, wovon sollte ich mich rechzeitig und in Würde verabschieden? Will oder muss ich noch beim Marathonlauf mitkämpfen oder will ich vom Hamsterrad der Männerkonkurrenz abspringen? Muss ich der Jugend nachrennen, nachtrauern und nachhelfen oder kann ich mein Alter bejahen und ihm Würde geben?
- Kann ich mir nun endlich eingestehen, dass mich und andere Gespräche ohne eine Hörhilfe immer mehr anstrengen*?
- Was sind die Gewinne, was ist die positive Kehrseite meiner körperlichen Grenzen und Verluste?
- Muss ich meine Viagradosis erhöhen oder kann ich die *zweite Sprache der Sexualität im Alter*[29] entdecken und andere Formen von Zärtlichkeit, Erotik und Sexualität genießen?
- Muss ich mich dem Diktat des *Altersgesundheitsterrorismus* auf dem widernatürlichen Anti-Aging-Markt beugen?

---

* Übrigens, wo inzwischen immer mehr Menschen einen kleinen Mann im Ohr haben und verknopft sind, das heißt allerorten mit Stöpseln im Ohr herumlaufen, ist ein Hörgerät immer weniger ein stigmatisierendes Altersmerkmal.

- Wofür bin ich noch jung genug, um damit anzufangen und um auf ein kraft- und lustvolles Alter zuzugehen?

> *Chris S. war immer ein begeisterter Fußballspieler und Läufer, bis dann Mitte 50 seine Gelenke endgültig nicht mehr mitspielten. Sich aufs Altenteil zurückzuziehen kam für ihn überhaupt nicht infrage und so tat er fortan das, was ihm schon sein Vater mit seinen großen und schnellen Schritten in die Wiege gelegt hatte: Er verlegte sich aufs Gehen, aufs Racewalking, wie die Amerikaner sagen. Er wollte es noch einmal wissen, umrundete fast täglich seine Kleinstadt, feilte an seiner Technik mit Unterstützung eines professionellen Trainers. Anfang 60 läuft er nun bei den amerikanischen Seniorenmeisterschaften ganz vorne mit und lässt auch deutlich Jüngere »alt aussehen«, entsprechend seinem Motto: »Mach dir nicht zu viel Sorgen über das Alter. Das existiert überwiegend im Kopf.«*

## Was brauchen Geist und Seele?

Wie schon dem Körper haben wir in einem bewegten Außenleben unserem Innenleben vielleicht nicht allzu viel Aufmerksamkeit geschenkt. In unserem Ruhestands-Check könnte es nun auch hier an der Zeit sein, seinen bisherigen Lebensstil, seine Gewohnheiten, seine Seele einzubeziehen, von der es zwar heißt, sie würde immer jung bleiben und nicht altern, die aber dennoch verbraucht und müde geworden sein kann:

▪ Was könnte ich mir Gutes tun, um auch innerlich zur Ruhe zu kommen? Welche Entspannungsübungen und -techniken will ich einmal ausprobieren, um die zu mir passende zu finden?

▪ Welchen schmerzenden seelischen Wunden, welchen alten Narben will ich mit professioneller Unterstützung noch einmal Heilung zukommen lassen*?

▪ Komme ich mit meinem unverdauten Berufsausstieg wirklich alleine zurecht oder sollte ich mir dazu ein paar Stunden Coaching gönnen?

▪ Wie kann ich aus meinem Leben unnötig hohes Tempo herausnehmen; wie komme ich zu einem neuen, angemessenen Lebensrhythmus?

▪ Wie kann ich Essen und Trinken, Musik, Kunst, Natur und all die anderen Schönheiten und Köstlichkeiten des Lebens mehr genießen?

**Entschleunigen und genießen**
Immer mehr Menschen stellen die umfassende Beschleunigung unseres Lebens infrage und wenden sich etwa nach einem Berufsleben in Kantinen und anderen Hochgeschwindigkeitsverzehrsorten einem genussvollen, bewussten und regionalen Essen zu. Weltweit ist daraus eine Bewegung entstanden, die inzwischen auch auf die Entschleunigung weiterer Lebensbereiche und sogar ganzer Städte abzielt: www.slowfood.de

---

* Es ist nie zu spät, eine glückliche Kindheit zu haben! Wer's nicht glaubt, lese Ben Furmans gleichnamige, klassische Untersuchung hierzu.

- Wo könnte ich Platz schaffen für Spielerisches, Ungeplantes, Nutzloses, womöglich gar Verrücktes*?
- Wo will ich mich von äußeren Zwängen und Oberflächlichkeiten verabschieden und mein Leben mehr vertiefen?
- Was ist mit meinen spirituellen Bedürfnissen und religiösen Wurzeln? Wo will ich an meinen Kinderglauben noch einmal anknüpfen, ihn als ein prägendes Erbe bejahen und mich vielleicht neu auf ihn einlassen?
- In welcher Wüste, in welchem Kloster, in welchem geistigen Gebäude sollte ich suchen, um Antworten auf meine – derzeit vielleicht noch unbewussten – Sinnfragen zu finden?

### Das Wandern ist des Rentners Lust

*»Für mich war es überhaupt keine Frage, dass ich ein Ruhestandsprojekt brauche, das unmittelbar nach meinem Ausscheiden aus dem Beruf beginnen muss.« Dieter R. beendete nach zwei Klinikaufenthalten mit 63 sein Berufsleben. Er lebte die letzten zwei Berufsjahre mit wachsender Vorfreude auf sein großes Vorhaben zu. Eine Vorfreude, die ihm auch bei der Arbeit noch einmal neue Energie bescherte, »das waren meine fruchtbarsten Jahre im Beruf«. Etwas ganz anderes tun, »mit Haut und Haaren Abstand gewinnen« und Neuem Raum geben, war die Überschrift seiner viermonatigen*

---

* *»Wenn die Zeit eines Lebens knapp wird, gelten keine Regeln mehr. Und dann sieht es aus, als sei man übergeschnappt und reif für die Klapsmühle. Doch im Grunde ist es umgekehrt: Dort gehören diejenigen hin, die nicht wahrhaben wollen, dass die Zeit knapp wird. Diejenigen, die weitermachen, als sei nichts.« (Mercier 2004, S. 321)*

*Wanderung von Süddeutschland nach Santiago de Compostella – noch bevor die große allgemeine Völkerwanderung dorthin einsetzte. »Möglicherweise war dieser Wunsch auch deshalb so stark, weil ich Zeit meines Lebens nie etwas besonders Abenteuerliches unternommen und so das Gefühl hatte, an der Schwelle zum unausweichlichen Alter noch ein Stück Jugend nachholen zu sollen.«*

*Damit hatte sich der 63-Jährige einen alten, großen Traum erfüllt und alles erledigt, was »Pensionsknick, sonstige Ruhestandsprobleme und Zukunftsängste« betrifft. Vier Monate mit sich alleine und ganz auf sich zurückgeworfen, körperlich gut gefordert, tauchte auch aus tieferen seelischen Schichten einiges auf, was nicht immer nur erfreulich war. »Gelegentlich habe ich mich angesichts mancher Strapazen schon gefragt, was ich da tue. Aber wissend, dass man im Alter auch unter komfortableren Bedingungen nicht frei von Wehleidigkeit ist, habe ich das ganze Unternehmen einfach als ›Therapie gegen Zaghaftigkeit im Alter‹ bezeichnet.« Und die Inschrift an der Außenwand eines Klosters in Frankreich bestärkte ihn: »Wohl dem Mann, der bereit ist, seinen Preis zu zahlen, um einen Traum zu verwirklichen.« Am Ende seiner Reise wusste der Pilger ganz genau, was er anschließend tun wollte.*

*Seine Frau war über diese lange Trennung nicht begeistert, aber »sie wusste, dass ich losgehen muss«. Und sie hat sich, wie er sagt, in dieser Zeit verselbstständigt und auch all das im Haus und an Schriftlichem erledigt, was ansonsten seine Aufgaben gewesen waren. Im Übrigen setzen er und seine Frau auch weiterhin ihre frühere Rollenaufteilung fort: Beide gehen ihren getrennten (nach)beruflichen Wegen nach und pflegen das Gemeinsame in Familie, Haus und Garten.*

*Das Wandern hat den früheren Verwaltungsbeamten seither nicht mehr losgelassen. In jeweils 14-tägigen Etappen machte er sich auf, Deutschland zu durchwandern und so späte Heimatkunde zu betreiben. Wieder reizte ihn das täglich neue Aufbrechen in neue Landschaften, unbekannte Situationen und unerwartete Begegnungen mit fremden Menschen. »Das erhält mich körperlich und geistig beweglich, ist für mich die beste Altersprophylaxe!«*

*So war es nur ein kleiner und folgerichtiger Schritt zu seiner jetzigen, dritten Wanderphase. Nachdem ihm die Eintages-Rundwege seines örtlichen Wandervereins etwas zu schlicht waren, legte der Vereinsvorstand dem 71-Jährigen nahe, doch seine Erfahrungen zu nutzen und eine Streckenwanderung rund um die Schwäbische Alb zu organisieren. In zwei- bis dreitägigen Etappen führt er nun eine Truppe von 30 Wanderern an, die aufgrund dieses attraktiven Angebotes gut altersgemischt ist. Wo er doch eigentlich am liebsten alleine wandere, ist ihm das »eigentlich schon etwas zu massenhaft, aber da hat sich eben wieder einmal meine soziale Ader gemeldet«. Und im Übrigen bieten alle seine Vorab-Erkundungswanderungen Gelegenheit zur Besinnung und Ruhe.*

**Kloster auf Zeit**
Mehr oder weniger streng, in oder dem Kloster an-
geschlossen, bieten inzwischen viele Klöster und
Ordensgemeinschaften Klosteraufenthalte auf Zeit
an. Von wenigen Tagen bis zu mehreren Wochen,
mit oder ohne Mitarbeit, laden sie – ganz egal, ob
die Besucher selbst gläubig oder aber konfessions-
los sind – zu einem Leben in Ruhe, Entspannung
und spiritueller Besinnung ein.
www.orden-online.de

## Die Beziehungsinventur

*Alles was die Beziehungsfähigkeit verbessert, ist gut für
das Gehirn*, hat die Gehirnforschung nachgewiesen. Mit
dem Wegfall der beruflichen Kontakte wird es Zeit, sich
über sein privates Netzwerk Gedanken zu machen. Wie
steht es um meine Partnerschaft, um die Kontakte zu Kindern und Enkeln, um die Beziehung zu den Eltern, um
den Freundeskreis?

Wer eine Partnerin hat, für den kann die späte Freiheit
einen neuen gemeinsamen Raum erschließen. Frei von
Pflichten können vielleicht wieder einige der früheren
Rahmenbedingungen und damit auch Beziehungsqualitä-
ten entstehen, die einst das junge Paar zusammenführten.
Aber häufig hat sich das Paar aus den Augen verloren,
sich zu Eltern gewandelt und sich als Wohngemeinschaft
zweier Berufstätiger eingerichtet. Die Kinder sind längst

aus dem Haus und die Zweckgemeinschaft ist als gemeinsame Lebensbasis nicht wirklich tragfähig. So sollte der *Spätheimkehrer* sich und auch seine Partnerin fragen, welches die eigenen Bedürfnisse und welches die Ihren sind:

▪ Bin ich als Heimgekehrter willkommen oder nur als Gast? Welchen Raum kann ich im gemeinsamen Haushalt einnehmen, ohne die angestammte Domäne meiner Frau zu bedrohen? Wie kann eine neue Rollenverteilung aussehen? Welche Berufsrollen, welche beruflichen Bedürfnisse sollte ich jetzt möglichst rasch ablegen?

▪ Wie viel Nähe, wie viel Distanz tun meiner Partnerin und mir gut? Wo wird unsere Zweisamkeit zu symbiotisch? In welchen Netzwerken lebt meine Partnerin ihre sozialen Bedürfnisse aus? Welchen Außenraum brauchen wir jeweils, um uns in unserem Innenraum gut zu verstehen?

▪ Welche Acht- und Lieblosigkeiten haben sich in unsere Beziehung eingeschlichen, die wir möglichst nicht ins Alter mitschleifen sollten*? Kann ich mir vorstellen, die nächsten 30 Jahre gemeinsam so weiterzumachen wie bisher? Können wir aus eigener Kraft aus unseren Abwertungs- und sonstigen Teufelskreisen aussteigen oder würde uns eine professionelle Hilfe gut tun**?

---

* Zum Weiterlesen: Jellouschek, Hans: Wenn Paare älter werden. Freiburg 2008
** Eine der größten und schönsten Überraschungen, die ein Mann seiner Frau bereiten kann: Wenn er ihr einige Sitzungen Paarberatung schenkt.

### Living apart together

*Er war 70, als sich Viktor V. und seine Frau für das Modell »Living apart together«, ein Zusammenleben auf Distanz entschieden. Er blieb in seinem geliebten Reiheneckhaus und sie bezog eine gemütliche Zweizimmerwohnung im Nachbarstadtteil, von der sie immer schon geträumt hatte. Zu sehr hatte sich das Ehepaar auseinandergelebt, zu viel Zorn, Wut und Unausgesprochenes hatten sich zwischen den beiden mit den Jahren aufgetürmt. Es erforderte viel Mut, nach einem langen Eheleben diesen Schritt zu vollziehen, »aber jetzt erleben wir die wertvollste Zeit unseres Lebens«. Zwei Mal pro Woche besucht der Enkel den Großvater und dann kommt auch seine Frau dazu, kocht und betreut mit ihm zusammen den Vierjährigen. Gelegentlich ist Herr V. bei seiner Frau in ihrer Wohnung, hin und wieder unternehmen die beiden etwas gemeinsam, und bevor es miteinander anstrengend wird, geht jeder seiner Wege. Mit wachsender Lust verändert Victor allmählich sein Haus und genießt es, zum ersten Mal in seinem Leben ganz nach seinem Geschmack gestalten zu können. In ihrem Umfeld ernten die beiden zwar viel Unverständnis und Kopfschütteln, »aber wenn ich die schwierigen Partnerschaften um mich herum sehe, kann ich nur sagen, das möchte ich nicht mehr mitmachen!«*

Die berufliche Entpflichtung bietet die große Chance, auch die Beziehung zu Kindern und Enkeln zu überprüfen, sie wo nötig neu zu gestalten und Versäumtes nachzuholen:

- Habe ich während meines Berufslebens den Kontakt zu meinen Kindern für sie und für mich ausreichend gepflegt?
- Was sind nur meine und was sind deren Kontaktbedürfnisse? Wie kann ich sicherstellen, dass ich sie nicht vereinnahme und sie ihrer Wege gehen lasse?
- Wann ist es Zeit – möglichst früher als später! –, mit meinen Kindern nicht länger nur über deren, sondern auch über meine Zukunft, meine Wünsche und Erwartungen fürs Alter zu sprechen?
- Was kann ich tun, dass ich für meine Enkel ein liebenswerter, interessanter Großvater bin, auf den sie sich freuen, den sie gerne besuchen und mit dem sie die Welt erkunden wollen*?

In einer Gesellschaft des langen Lebens wird es immer normaler, dass zwei aufeinander folgende Generationen gleichzeitig im Ruhestand leben. So ist für viele eine lebendige Auseinandersetzung über das Alter(n) und seine Herausforderungen mit den noch Älteren möglich; biografische Themen, die mit zunehmendem Alter immer wichtiger werden, können erforscht werden; das Vorbild unserer Vorgänger gibt uns – im Guten wie im Schlechten – Orientierung für unseren eigenen Weg.

- Wenn ich noch Eltern oder ein Elternteil habe: Was sind meine, was sind deren Beziehungswünsche; wie können wir damit für alle Beteiligten befriedigend umgehen?

---

* Ein holländisches Sprichwort sagt: *Großeltern sind Eltern, die vom lieben Gott eine zweite Chance bekommen haben.*

▪ Kenne ich die Versorgungswünsche und Erwartungen meiner Eltern fürs hohe Alter? Was davon kann und will ich erfüllen, ohne einen zu hohen Preis zu zahlen?

▪ Was bin ich meinen Eltern, auch wenn sie bereits gestorben sind, vielleicht noch schuldig?

▪ Was würde ich gerne aus deren und meinem Leben noch erfahren und verstehen? Gibt es noch andere Vorfahren, von denen ich etwas über meine Eltern, deren Geschichte(n) und deren Zeitgeschichte erfragen kann?

▪ Was kann ich von meinen Eltern und älteren Verwandten über das Altwerden lernen?

Ruhestand ist nichts, was man auslaufen lassen kann. Dieser Lebensabschnitt ist auch für die sozialen Netzwerke, die über die Familie hinausreichen, eine Chance für einen Neubeginn, wo man Altes überprüfen und Neues wagen sollte:

▪ In welchen Kreisen bewege ich mich? Sind es zu viele des Gleichen? Was für Leute würde ich gerne einmal näher kennen lernen? In welche neue Umgebungen müsste ich mich dazu begeben? In welchen sozialen Bezügen und vor allem in welchen Aktivitäten kann ich mich engagieren, um meinen Freundeskreis zu erweitern? Was sind Themen oder Aktivitäten, mit denen ich selbst einen festen und regelmäßigen Zirkel etablieren könnte?

▪ Habe ich genügend Freunde? Männer (es dürfen auch Frauen dabei sein),
  – mit denen ich über meine innersten Nöte reden kann?
  – mit denen ich Spaß haben kann?

- mit denen ich mich noch einmal in (kleine) Abenteuer stürzen kann?
- mit denen Sport Spaß macht?
- die mich intellektuell herausfordern?
- mit denen man ein Bier trinken kann?
- deren Nähe einfach guttut?

Welche vernachlässigten Freunde sind vielleicht reaktivierbar, lohnen einen zweiten Versuch? Wie kann ich anderen ein Freund sein, so dass jemand mein Freund wird? Welche Freundschaften könnte ich einschlafen lassen?

### Der Netzwerker

*Gerhard B. war immer schon ein ziemlich bunter Vogel gewesen. Der heute 70-Jährige wurde nachhaltig durch die 68er-Jahre geprägt. Einige Jahre verbrachte der als Erwachsenenbildner tätige Theologe in der Entwicklungshilfe und engagierte sich beim Bundesvorstand des Deutschen Gewerkschaftsbundes. Mit 52 Jahren wurde er aus dem kirchlichem Dienst freigestellt und in den so genannten Wartestand versetzt, aus dem er dann mit 55 frühpensioniert wurde. Diese frühe »späte Freiheit« nutzten er und seine Frau für den Aufbau eines ökologisch und spirituell fundierten, gemeinschaftlichen Wohn- und Lebensprojektes. »Mitten in der kapitalistischen Gesellschaft wollten wir den Versuch wagen, nicht nur gegen Missstände zu protestieren, sondern anders zu leben, uns den Zwängen des Konsumismus entziehen.« So lebten sie zehn Jahre mit Gleichgesinnten eine spirituelle Gemeinschaft, teilten mit den anderen fast alles, führten eine gemeinsame*

*Kasse, bis irgendwann dies alles seiner Ehefrau zu an-*
*strengend wurde.*

*Mitte 60 sah sich nun Gerhard B. mit einem zweiten,*
*seinem eigentlichen Ruhestand und einem erneuten*
*Suchprozess konfrontiert. Zwei Jahre dauerte dieser*
*Stand in Ruhe, die er mit Zen-Meditation, mit Lesen*
*und der Suche nach einem neuen Projekt verbrachte. Er*
*konnte seine Partnerschaft in der wiedergewonnenen*
*Zweisamkeit neu genießen und schließlich sein heuti-*
*ges Altersprojekt finden: Nach der Veränderung und al-*
*ternativen Gestaltung im Kleinen, wie sie es in ihrem*
*Wohnprojekt gelebt hatten, wollte er nun den Versuch*
*wagen, diesen Ideen in einem größeren Kontext Raum*
*zu geben.*

*Mit 63 startete er mit Freunden die Initiative*
*www.anders-besser-leben.de, die seine Ideale in einem*
*bundesweiten Netzwerk verbreiten will: »Wir stehen*
*für eine Änderung des persönlichen Lebensstils hin zu*
*Nachhaltigkeit und Zukunftsfähigkeit, gepaart mit ei-*
*ner spirituell erweiterten Weltsicht. Wir glauben, dass*
*Nachhaltigkeit und Spiritualität gut zusammenpas-*
*sen.« Inzwischen haben sich in ganz Deutschland rund*
*20 örtliche Gruppen mit Männern und Frauen zwischen*
*40 und 70 Jahren gebildet, die sich gegenseitig dabei*
*unterstützen, vom Wissen zum Handeln zu kommen*
*und ein nachhaltiges, spirituell begründetes Leben zu*
*führen. Ein Koordinationskreis unterstützt und wirbt*
*für diese Bewegung in Vorträgen, Seminaren und mit*
*Informationen auf einer Website.*

*Von Ruhestand ist bei Gerhard B. wenig zu spüren.*
*Er sieht sich selbst als sehr beschäftigt, aber da dies*

> *alles freiwillig sei und er nichts mehr müsse, sei er*
> *sehr zufrieden; wenn auch seine Frau gelegentlich über*
> *seine vielen Aktivitäten klage, sehe sie dieses letztlich*
> *ebenso. Seinen zweiten oder dritten Altersübergang hat*
> *er bereits vor Augen: Neben mehr Zeit für seine Kinder*
> *und neun Enkel wolle er sich bald aus der Gesamtver-*
> *antwortung lösen, sich in Ruhe und in seinem Tempo*
> *weiter beteiligen und sich insgesamt mehr auf die ihm*
> *immer wichtiger werdende mystische Spiritualität kon-*
> *zentrieren.*

## *Wo wohne und wie lebe ich eigentlich?*

Wenn man mit dem Eintritt in den Ruhestand seinen Le-
bensmittelpunkt in der Firma aufgibt und vielleicht zum
ersten Male richtig zu Hause einzieht, lohnt sich ein kritischer Blick auf die Wohnverhältnisse. In was für einem
Haus oder was für einer Wohnung lebe ich eigentlich?
Schließlich wird man die meiste Zeit – und je älter je
mehr – seines künftigen Lebens dort verbringen und
sollte sich auch wirklich zu Hause fühlen können:

- Will ich in Haus oder Garten noch einmal etwas umgestalten, mir einen Luxus gönnen?
- Will ich mich auf den Garten, auf die Natur mit ihren so
anderen Gesetzmäßigkeiten und Rhythmen, mit ihrem
Werden und Vergehen, neu einlassen und ihn als Quelle
der Ruhe, Entspannung und Kontemplation genießen?
Oder soll ich den Garten endlich auf- oder abgeben
oder pflegeleichter gestalten?

▪ Wie lange will ich, kann ich in meinem jetzigen Domizil noch problemlos bleiben? Wie altersgerecht sind die Wohnbedingungen bei körperlicher oder automobiler Immobilität, Pflegebedürftigkeit oder Verwitwung?

Altersarmut ist derzeit, gemessen an früheren Verhältnissen und anderen Bevölkerungsgruppen, kein großes Thema. Aber sie ist bereits wieder auf dem Vormarsch und zwingt immer mehr Rentner zu einem kritischen Blick auf ihre finanziellen Spielräume:

▪ Wie komme ich mit meinen reduzierten Altersbezügen zurecht? Muss ich, will ich etwas hinzuverdienen? Will ich meinen bisherigen Lebensstandard aufrechterhalten oder soll ich aus der notwendigen Einschränkung eine Tugend machen und frühzeitig Ballast abwerfen?
▪ Wo will ich sparsam(er), wo will ich großzügig(er) sein? Was will ich mir, was meinen Nachkommen, was Menschen in Not, was einer guten Sache, die ich zu meiner mache, zukommen lassen?

## Gefangene Vögel singen von Freiheit – freie fliegen

Allerspätestens mit dem Eintritt in den Ruhestand hat die alte Lebenslüge »Wenn ich erst einmal …, dann werde ich …« jede Berechtigung verloren. Ab sofort gilt das Motto, das im Übrigen auch die schlichte Formel für richtiges Altern ist: »*Heute* richtig leben!« Und dazu gehört, seine Träume und das Leben nicht länger aufzuschieben, denn nächstes Jahr könnte es schon zu spät sein. Jetzt geht es darum – neben aller gebotenen sozialen Rücksicht – sich seine Freiheit zu nehmen und seine ungelebten Träume nicht länger den angeblichen Einschränkungen des Berufslebens oder den Ge- und Verboten der Partnerin zu opfern. Die meisten Männer könnten mehr aus ihrem Leben machen, wenn sie wirklich wollten.

- Inwieweit stimmt mein jetziges Leben mit dem überein, was ich ursprünglich einmal wollte? Welche Kurskorrekturen sind nötig, welche sind noch möglich – vielleicht in modifizierter Form?
- Was will ich mir noch einmal gönnen, auch wenn es doch eigentlich gar nicht nötig wäre oder, wie wir Schwaben sagen, *es doch noch naus reicht*\*?
- Welchen Herausforderungen, welchem Abenteuer will ich mich noch einmal stellen?
- Welches Ziel will ich mir setzen und verfolgen? Denn »das gefühlte Alter eines Menschen nimmt in dem Maße zu, wie die Anzahl der Ziele, die er erreichen möchte, abnimmt.«\*\*
- Welche Beschränkungen und Grenzen sind real und existieren nicht nur in meinem Kopf, in vermeintlichen Rücksichten, sind meiner Trägheit oder meinen Ängsten und denen anderer geschuldet?

---

\* Das illustriert wunderbar der alte Film »Kleine Fluchten« von Yves Yersin, in dem der alte Knecht am Ende seiner Tage mit seinem Moped losfährt und Herrliches erlebt.
\*\* Thomas Häntsch auf http://aphoristiker-archiv.de

Werde ich eines Tages, um mit dem Hauptmann von Köpenick zu sprechen, auf die Frage *Und was hast du aus deinem Leben gemacht?* eine gute Antwort geben können?

*»Ich mache das, was mir Spaß macht und was ich nicht muss«, ist die Haltung von Rudolf H. Er nimmt sich Raum und Zeit für seine Träume. Letztes Jahr war es der Kilimandscharo, den der 69-Jährige seit seiner früheren Nepalreise immer vor Augen hatte. Es war ein wunderbares Abenteuer. Dass er ganz kurz vor dem Gipfel umkehren musste, hat ihn damit konfrontiert, dass auch die Kräfte eines sportlich gut Trainierten mit zunehmendem Alter endlich sind. »Man sollte im Alter seine Träume je schneller desto besser verwirklichen.« Für einen anderen Traum, Amerika mit dem Wohnmobil von Alaska bis Feuerland zu erkunden, fehlt ihm derzeit leider der geeignete Reisepartner.*

## 2 Kompetenzen weitergeben

Du bist alt,
wenn du alle Antworten hast,
aber keiner Fragen stellt.
*Anonym*

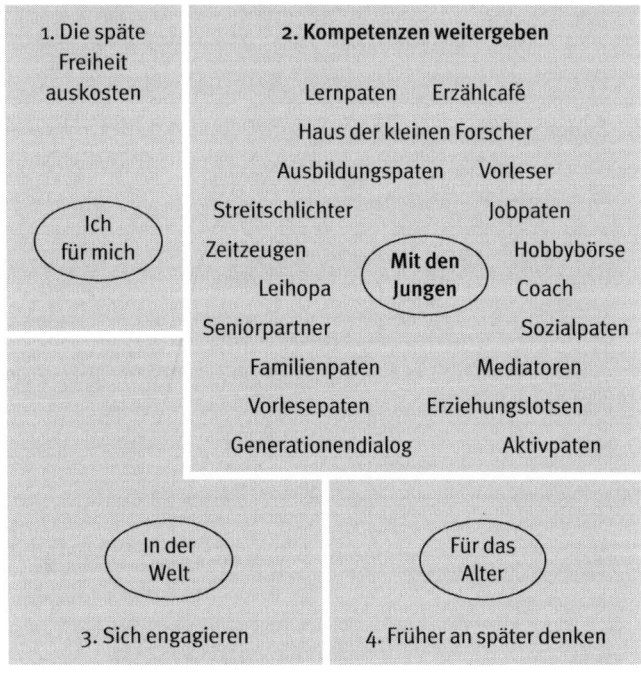

1. Die späte Freiheit auskosten

Ich für mich

2. Kompetenzen weitergeben

Lernpaten    Erzählcafé
Haus der kleinen Forscher
Ausbildungspaten    Vorleser
Streitschlichter    Jobpaten
Zeitzeugen    Mit den Jungen    Hobbybörse
Leihopa    Coach
Seniorpartner    Sozialpaten
Familienpaten    Mediatoren
Vorlesepaten    Erziehungslotsen
Generationendialog    Aktivpaten

In der Welt
3. Sich engagieren

Für das Alter
4. Früher an später denken

Irgendwann ist die späte Freiheit bis zur Neige ausgekostet, alle Reisepläne sind erfüllt, die Hobbys werden zur täglichen Routine, der Garten ist umgestaltet und die Frage nach dem eigentlichen Lebenssinn wird bei allem Vergnüglichen immer unabweisbarer. Die Formel *Ich für mich* genügt nicht mehr, die Zweisamkeit erfährt zu wenig belebende Impulse von außen, die Begegnung und der Austausch vorwiegend unter Gleichaltrigen und Gleichgesinnten wird zunehmend als unfruchtbare Monokultur erlebt.

## Ihre Erfahrung reicht für zwei!

Spätestens dann, aber besser schon früher, sollten wir uns bewusst machen, dass wir als Männer im höheren Lebensalter eine Menge wissen und können. Egal, in welchem Beruf wir standen, wir haben uns in den vielen Jahren reichlich Berufs- und Betriebserfahrung erarbeitet, haben damit und durch die vielen Wechselfälle des Lebens im Lauf der Jahrzehnte eine Menge Lebenserfahrung erworben. Auch wenn wir immer noch einmal etwas Neues beginnen, etwas lernen wollen, uns um späte Meisterschaft bemühen mögen, so sollten wir uns spätestens in unserem sechsten Jahrzehnt vergegenwärtigen, dass wir für die Jungen – ob wir es wollen und uns dessen bewusst sind oder nicht – nun selbst Vorbilder geworden sind und in der unendlichen Generationenkette etwas von dem weiterzugeben haben, was uns selbst einmal in ähnlicher Weise von Älteren geschenkt wurde.

Haben Sie womöglich die »Lehrer« und anderen Älteren in Ihrem Leben, denen Sie wichtige Entwicklungsimpulse verdanken, vergessen oder sind sie weit in den Hintergrund getreten? Dann machen Sie hier einmal eine weitere kleine Liste, in der Sie alle Ihre früheren und heutigen, fernen und nahen Vorbilder auflisten: Menschen, denen Sie etwas in Ihrem Leben verdanken, die Sie geführt, korrigiert oder auch durch ihr negatives Verhalten nachhaltig beeindruckt haben (denn fast jeder kann ein Beispiel für andere geben und sei es auch nur ein abschreckendes).

## Älter werden – Mentor werden

Jeder Mann ab 50 sollte zum *Mentor* für einen Jüngeren werden. Ein Lern- und Entwicklungspartner wie die Göttin Athene in der griechischen Mythologie, die in Männergestalt dem jungen Telemachos all das an männlicher und auch weiblicher Zuwendung geben konnte, wofür sein im besten Mannesalter stehender und abenteuerlustiger Vater Odysseus noch zu jung und zu suchend war. Aber, so der gelegentliche Einwand, was haben in unserer sich immer schneller drehenden Welt die Alten den Jungen heute noch zu bieten? Wo doch der Hauptschüler den alten Akademiker in die Geheimnisse des Computers einführt; wo *Google* oder andere Suchmaschinen fast alle Fragen der Jungen viel schneller, aktueller und präziser als der noch so gelehrteste Alte beantworten können; wo nicht der Alte dem Jungen den Weg in die Welt weist, sondern vielmehr der Junge dem Alten zu seiner Bahnfahrkarte am komplizierten Automaten verhilft. »Wir leben in einer so sonderbaren Lage, dass die Greise nicht mehr Erfahrung haben als die Jünglinge. Wir alle sind Neulinge, weil alles neu ist.« Was wie eine aktuelle Gegenwartsanalyse klingt, stammt von dem französischen Literaten Joseph Joubert, der von 1754 bis 1832 und damit in einer mit heute verglichen eher statischen Zeit lebte. Offenbar wandelte sich die Welt fast immer schon so schnell, dass die Alten stets das Gefühl haben, nicht mehr recht mithalten zu können.

### Der Pate

*»Ziegenpeter« war der etwas spöttische Gruß, mit dem Ulrich U. in seiner Firma montags gelegentlich empfangen wurde. Wenn er und vier seiner Kollegen wieder einmal einen Samstag an ihrem Ziegenstall gewerkelt hatten, den sie einem Naturschutzzentrum schenken wollten. Corporate Citizenship nennt sich das neudeutsch, wenn sich Unternehmen über ihre eigentliche Geschäftstätigkeit hinaus als »gute Bürger« aktiv für die Gesellschaft engagieren. Seine Firma gab 20 000 Euro, Herr U. und seine Mitstreiter setzten für drei Jahre einen Teil ihrer Freizeit ein: »Als Umweltbeauftragter meiner Firma war es für mich naheliegend, etwas für den Umweltschutz zu tun.« Sie hatten viel Spaß miteinander und wuchsen immer mehr zusammen, die fünf Männer und Frauen, und jeden Samstagabend ließ sie ein weiterer sichtbarer Fortschritt befriedigt den Feierabend genießen.*

*Als Ulrich U. dann mit 64 in Rente ging, klopfte die städtische Beauftragte für Bürgerschaftliches Engagement bei ihm an. Für ein neues Projekt wurden Jobpaten gesucht, die unterstützungsbedürftige Hauptschüler bei ihrer Berufsfindung individuell begleiten sollten. Vor allem Neugierde war es, warum sich der gelernte Chemiker auf die neue Aufgabe einließ. »Ich wollte wissen, ob es wirklich stimmt, was man immer so über die Jugendlichen liest, und selbst herausfinden, wie sie wirklich sind.« Sechs 15-, 16-Jährige aus fünf Nationen waren es in seinem ersten Ruhestandsjahr, mit denen Herr U. bis jetzt zu tun hatte. Kinder aus teilweise problematischen Verhältnissen, deren Motivation oft nicht allzu groß und denen eine nächtliche Computersitzung manchmal wichtiger als ein pünktlicher Schulbesuch ist, daneben aber auch Fleißige und Zielorientierte. Darum ist es für Ulrich U. immer spannend, was der nächste seiner wöchentlichen Termine bringen wird. »Manchmal braucht es schon Nerven wie Drahtseile«, aber dann freut er sich, wenn der Besuch in einer Firma, die gemeinsam erstellten Bewerbungsunterlagen oder das gut trainierte Vorstellungsgespräch mit Erfolg belohnt werden. Rückhalt findet er auch in den monatlichen Austauschrunden mit anderen Jobpaten oder bei kleinen Fortbildungsveranstaltungen. Als sich schließlich drei seiner »harten Jungs« bei der Schulabschlussfeier öffentlich mit einer Schachtel Pralinen bei ihm bedankten, wurde ihm bewusst, »dass ich trotz der harten Schale bei diesen Jugendlichen vielleicht doch mehr anstoßen konnte, als ich dachte.«*

*Gerne würde der 65-Jährige sein Jugendhobby, die Modellsegelfliegerei wieder beleben, »aber ich habe keine Zeit!« Sein Alltag im Ruhestand ist ausgefüllt, nicht zuletzt, weil er sich gedanklich und mit seinem früheren Engagement darauf gut vorbereitet hatte. Denn »in meinem Umfeld hatte ich gesehen, in welches Loch man fallen kann«. Mit seiner Frau genießt er das Tanzen, sein Rücken verlangt nach regelmäßigem Fitness-Studio-Training, die kleinen Enkelkinder sieht er gerne kommen und dann auch wieder gehen. Gelegent-*

*lich schaut er in seiner alten Firma vorbei, die ihm nach 36 Jahren doch sehr ans Herz gewachsen ist.* »Ich bin froh, dass ich im Ruhestand bin, der Druck hat dort doch sehr zugenommen.«

**Eine Patenschaft übernehmen**

In mehr als 1000 lokalen Projekten überall in Deutschland werden *Aktivpatenschaften* vermittelt. Das können *Familienpaten* oder *Erziehungslotsen* oder *Sozialpaten* sein, die Familien einige Stunden besuchen, um sie praktisch und moralisch im Umgang mit den Kindern zu unterstützen; *Kinderpaten* oder *Leihomas/Leihopas* verbringen vergnügliche Stunden mit einem Kind; *Lernpaten* helfen einem Kind oder einer kleinen Gruppe von Kindern in schulischen Dingen wie Hausaufgaben, Nachhilfe, Lesen (*Lesepaten*) und Sprechen.

Berufs- und lebenserfahrene *Jobpaten* auch *Ausbildungspaten, Bildungspaten, Berufspaten* oder *Coaches* genannt, entwickeln mit einem Hauptschüler, Langzeitarbeitslosen und anderen schwer Vermittelbaren berufliche Perspektiven, unterstützen sie bei der Arbeitssuche und lassen ihnen ihre Kontakte in der Arbeitswelt zugute kommen.
www.leihomas-leihopas.de
www.aktivpatenschaften.de
www.patenmodell.de

Ehemalige Führungskräfte aus der Wirtschaft, meist *Wirtschafts-Senioren* oder *Wirtschaftspaten* genannt, helfen Existenzgründern und kleinen und mittelständischen Unternehmen ehrenamtlich, praxisorientiert, schnell und unbürokratisch.
www.althilftjung.de

*Altwerden ist wie auf einen Baum steigen.*
*Je höher man kommt, desto mehr Kräfte sind*
*verbraucht, aber umso weiter sieht man\*.*

Es sind natürlich nicht die aktuellen Informationen, das neueste Wissen, die modernen Technologien, die die Alten den Jungen vermitteln können. Auch sind manche Berufserfahrungen so hoffnungslos veraltet, wie etwa die der einstmals stolzen Schriftsetzer, die innerhalb weniger Jahre einen so drastischen und abwertenden Umbruch erleben mussten. Die so genannte *flüssige Intelligenz*, der Arbeitsspeicher unseres Gehirns, mit der wir Unbekanntes schnell erfassen und Neues rasch lernen können, baut ab dem 30. Lebensjahr ab. Hingegen nimmt unsere *kristallisierte Intelligenz*, quasi die Festplattenkapazität, zu: die Fähigkeit, neue Informationen mit bestehenden sinnvoll zu verknüpfen und vor dem Hintergrund einer Fülle von Wissensbeständen und Erfahrungen zu selektieren, zu sortieren und zu bewerten. In der wachsenden Un-

---

\* Ingmar Bergmann

übersichtlichkeit, wo *Google* eine einfache Frage mit Millionen Antworten erschlägt, bedarf es immer mehr dieser Selektions-, Sortier- und Bewertungskompetenz, der Fähigkeit zum abwägenden Entscheiden, die sich erst mit zunehmendem Alter entwickeln kann.

In einer Welt wachsender Beschleunigung, wo alles in immer kürzerer Zeit geschieht, erfordert es den weiteren Zeithorizont und das andere Tempo der Alten, die daran erinnern, dass eine Zukunft ohne Vergangenheit unmenschlich wird und dass alles *seine* Zeit braucht. In einer Zeit der wuchernden Ökonomisierung von immer mehr Lebensbereichen braucht es die kritische Distanz der Älteren, die (ver)störende Widerspenstigkeit des Alters, den glaubwürdig vorgelebten Hinweis auf andere Werte und Normen, ohne die unser Leben verarmt und entmenschlicht würde. Schließlich benötigt eine Gesellschaft, in der Schönheit und Jugend als das Erstrebenswerteste überhaupt erscheinen, Menschen, die sich diesem Diktat der Äußerlichkeit entziehen und von den lohnenden Landschaften hinter den Gipfeln der Jugend berichten und den inneren und äußeren Reichtum des Alters als etwas Attraktives sichtbar machen. Wir alle brauchen die Spuren gelebten Lebens in den Gesichtern der Alten und auch ihre Gebrechlichkeit, so wie wir die Kranken und die Menschen mit Behinderung um uns herum brauchen, um nicht das Maß des Menschlichen zu verlieren. Ältere, die der Jugendlichkeit nachjagen, verraten das Alter.

## *Zu meiner Zeit ...*

Aber wollen die Jungen von all dem überhaupt etwas wissen? »Die Jugend liebt heutzutage den Luxus. Sie hat schlechte Manieren, verachtet die Autorität, hat keinen Respekt vor den älteren Leuten und schwatzt, wo sie arbeiten sollte. Die jungen Leute stehen nicht mehr auf, wenn Ältere das Zimmer betreten. Sie widersprechen ihren Eltern, schwadronieren in der Gesellschaft, verschlingen bei Tisch die Süßspeisen, legen die Beine übereinander und tyrannisieren ihre Lehrer.« So eine der variantenreich gehörten Klagen über *die heutige Jugend* und den angeblichen Werteverfall, die sich in diesem Fall allerdings auf die *heutige Jugend* von vor 2400 Jahren bezieht – sie wurde von Sokrates verfasst. Wahrscheinlich respektieren die Jugendlichen von heute ihre Alten nicht viel mehr oder weniger, wollen von ihnen gerade so viel oder so wenig wissen wie die Jungen in jeder anderen Epoche. Und natürlich gab es zu keiner Zeit *die* Jungen, so wie es zu keiner Zeit *die* Alten gab. So wie es mangelnden Respekt vor den Alten gibt, gibt es Alte, die kaum Respekt verdienen. Nach den Erkenntnissen der Interaktionsforschung nimmt die gegenseitige Wertschätzung mit dem Maß der Entfernung ab und umgekehrt. So geht es im Urteil mancher Älterer mit der heutigen Jugend zwar einerseits bergab, aber über den Enkelsohn oder die Nachbarstochter lassen sie nichts kommen. Wertschätzung und Akzeptanz setzen also lebendige, positive Begegnungen voraus.

**Der Streitschlichter**

»Sie glauben gar nicht, wie viele Kinder keinen Ansprechpartner für ihre kleinen und großen Sorgen und Nöte haben, wie viele in zerrissenen und desolaten Verhältnissen aufwachsen müssen.« Das ist es, was Bruno B. jede Woche aufs Neue gerne in seine Realschule gehen lässt, wo er für Kinder und Jugendliche als Streitschlichter und »Vertrauensperson in allen Lebenslagen« zur Verfügung steht. Einen Vormittag lang ist der 69-Jährige im Tandem mit einer weiblichen Kollegin für alle Probleme der Schülerinnen und Schüler ansprechbar: Das kann das Mäppchen sein, in das ein Mitschüler reingepinkelt hat; Liebeskummer und Eifersucht in der Mädchenclique; das Mobbing, mit dem eine Schülerin mit Filmen oder Beschimpfungen im Internet bloßgestellt wird. »Manchmal bin ich schon entsetzt und auch etwas überfordert, wenn ich sehe, wie schamlos und primitiv die jungen Leute miteinander umgehen.«

Aber wenn Bruno B. dann nach einer oder auch mehreren Gesprächen mit dem Betroffenen und den anderen Beteiligten sieht, dass der Streit beigelegt ist, Kinder wieder gerne und ohne Angst in die Schule kommen, dann weiß er, wie wertvoll sein Engagement als »neutraler Großvater« ist. Durch zwei intensive Einführungswochen, durch Fortbildungen und regelmäßige Beratungsgruppen sieht er sich für seine Aufgaben als Mediator gut qualifiziert und begleitet, und wenn es einmal ganz hart hergehen sollte, gibt es den kurzen Draht zur professionellen Projektbegleiterin. Im Übrigen »bringe ich als ehemaliger Lehrlingsausbilder und aktiver Großvater einige Erfahrungen mit«. Drei Jahre ist er nun in seiner Schule und genießt die vielen freundlichen »Hallo« auf dem Schulhof, die Wertschätzung auf den Elternabenden und den Zuspruch im Lehrerkollegium.

Dabei hätte der gelernte Raumausstatter nach 50 Jahren im Beruf eigentlich genug anderes zu tun. Noch immer steht er um sechs Uhr auf, »und trotzdem ist der Tag zu kurz«. Da sind die Enkel, zu denen er und seine Frau einmal die Woche zur Betreuung fahren; die Hobelbank hat er aus dem Betrieb mitgenommen, um Kaufläden, Kasperletheater und Sandkisten bauen zu können; Haus, Garten und Schrebergarten wollen versorgt sein; Fahrradfahren und Wandern sind ihnen wichtig; Urlaube finden meist im kleineren Radius statt, »wir sind keine Reiseleute und sind noch nie geflogen«. Deswegen auch konnte es Herr B. nach seinem Ruhestand »langsam auslaufen lassen«. Pünktlich mit 65 hatte er einem Mitarbeiter seinen Restaurationsbetrieb – »mit allem Inventar, allen Kunden und allen Mitarbeitern« – übergeben und sich über drei Jahre »abgenabelt«, indem er zunächst drei, dann zwei und schließlich noch einen halben Tag pro Woche auf Stundenlohnbasis aushalf. Das war gut für ihn, für die Kundenbeziehungen und für die Qualität der Arbeit.

Obwohl seine Kinder ihnen angeboten haben, sie im Alter zu versorgen, wollen Herr B. und seine Frau das nicht in Anspruch nehmen. Nach der Pflege von Eltern und Schwiegereltern wissen sie um die Belastungen häuslicher Pflege und wollen im Bedarfsfall ins Betreute Wohnen und dann ins Heim – wenn möglich in der Nähe ihrer Kinder und Enkel.

**Schulmediatoren**

Während Eltern und Kinder sich in den immerglei-chen Konflikten festbeißen, gelingt es den Großel-tern oft rasch, die Fronten aufzulösen. Vor diesem Hintergrund werden gelassene Ältere ab 55 zu *Streitschlichtern* oder *Schulmediatoren* ausgebildet, um Konflikte in Schulen lösen zu helfen, gegen Mobbing vorzugehen und insgesamt ein toleranter-es Klima in der Schule zu befördern. Jeweils in Zweierteams unterstützen die Seniorpartner Kinder und Jugendliche dabei, Konflikte kultivierter aus-zutragen und gemeinsam eine gewaltfreie Lösung zu erarbeiten, die keinen Verlierer zurücklässt. www.seniorpartnerinschool.de

Die Jungen wollen von den Alten unter den gleichen Be-dingungen etwas wissen, wie die Alten von den Jungen oder wie die meisten Menschen überhaupt. Gegenseitiges Interesse setzt voraus, dass ich bei dem anderen etwas sehe oder vermute, was für mich und mein Leben rele-vant sein könnte. Eigentlich in jedem Alter, jedoch spätes-tens ab dem Jugendalter sind wir wenig an einseitigen, dozierenden Belehrungen interessiert; wir legen meistens keinen großen Wert auf ungefragt erteilten Geschichtsun-terricht; wir schalten schnell ab bei Sätzen, die mit der Formel »Zu meiner Zeit ...« eingeleitet werden, oder bei anderen überflüssigen und unbrauchbaren Moralvorträ-gen*. Wir alle wünschen uns als Gegenüber nicht den schlechten Lehrer, der uns von oben herab Fragen beantwortet, die wir nicht gestellt haben. Vielmehr suchen wir mehr den guten Erwachsenenbildner, der uns als gleichwertig anerkennt, mit uns gemeinsam Antworten auf *unsere* Fragen sucht und nicht vergisst, dass eine lebendige, tragfähige Beziehung durch eine ungefähre Symmetrie von Geben und Nehmen wächst. Gegenseitiges Interesse und gelingende Begegnungen sind also keine Frage des Alters oder des Altersunterschieds**.

### Warum in die Ferne schweifen?

*Als Gerhard G. mit 63 aus dem Beruf ausschied und in sein nachberufliches Leben eintrat, war ihm das wie in einer Wohnung vorgekommen: »Ich machte ein Zimmer zu, um es nie wieder zu betreten, und öffnete ein*

---

* »Du sollst dir klarmachen, dass die jüngeren, dir verwandten oder sonst liebe Menschen beiderlei Geschlechts ihre Wege nach ihren eigenen (nicht deinen) Grundsätzen, Ideen, Gelüsten zu gehen, ihre eigenen Erfahrungen zu machen und nach ihrer eigenen (nicht deiner) Fasson selig zu werden, das Recht haben. Du sollst ihnen also weder mit deinem Vorbild noch mit deiner Altersweisheit, noch mit deiner Zuneigung, noch mit Wohltaten nach deinem Geschmack zu nahe treten [...] Du sollst dich weder wundern noch gar ärgern und betrüben, wenn du merken musst, dass sie öfters keine oder nur wenig Zeit für dich haben, dass du sie, so gut du es mit ihnen meinen magst und so sicher du deiner Sache ihnen gegenüber zu sein denkst, gelegentlich störst und dass sie dann unbekümmert an dir und deinen Ratschlägen vorbeibrausen. Du sollst bei diesem Tun reumütig bedenken, dass du es in deinen jüngeren Jahren den damals älteren Herrschaften gegenüber wahrscheinlich ganz ähnlich gehalten hast [...].« Soweit ein Auszug aus den *Lebensregeln für ältere Menschen* des großen Theologen Karl Barth, deren Lektüre mit zunehmendem Alter sich immer wieder einmal lohnt (Barth 1977).

** Ein wunderbares Beispiel für eine solche Freundschaft zwischen Jung und Alt gibt der Altersfilm von Clint Eastwood *Gran Torino*.

*mir bislang völlig unbekanntes neues.«* Er hatte all die anderen alten Kollegen vor Augen, die immer wieder im Verlag aufgetaucht waren, weil sie sich nie richtig von der Firma gelöst hatten. Weder ihm noch seiner Frau war bange vor dem Übertritt in den Ruhestand, hatte er doch auch vorher schon ein Leben neben dem Beruf entwickelt.

In der Kulturinitiative in seinem Stadtteil wurde es ihm als Schriftführer allerdings bald zu langweilig, und als dem Hobbyfotografen eines Tages ein Stapel Postkarten mit alten Stadtansichten in die Hände fiel, hatte er seine Idee: Als Wanderführer bei den Naturfreunden hatte er seine Gruppen schon immer auf besonderen Wegen geführt, *»warum nicht auch im Stadtteil, den doch so viele seiner Bewohner nicht richtig kennen?«* Die *»Ostwege«* waren geboren, inzwischen neun Führungen mit ganz unterschiedlichen Themen: *»Auf den Wegen der Arbeitersiedlungen«, »Aussichtspunkte und Höhenwege«* oder *»Kultur, Kunst und Gastronomie«.* Mithilfe der Kulturinitiative wurden die nötigen Mittel akquiriert, um die erforderlichen ortskundlichen und historischen Recherchen in Auftrag geben zu können. Die Routen wurden festgelegt, Prospekte gedruckt, und nun zieht meist ein Tross von 20 bis 30 Interessierten hinter Herrn G. her, wenn er die Besonderheiten seines Stadtteils mit all ihren Facetten vermittelt. *»Ich lerne noch immer viel Neues und freue mich, wenn ich den Leuten von meinem Wissen etwas weitergeben kann und die Leute neugierig auf mehr mache.«*

Geboren 1934 hat er die Nazi-Zeit und den Krieg be-

*wusst erlebt und sich viel mit dieser Geschichte beschäftigt. Anlässlich einer Gedenkfeier zur Reichsprogromnacht trieb ihn und andere in seiner Initiative die Frage um, wie man aus dem flüchtigen, jährlich nur einmaligen Gedenken etwas machen könnte, »um es dauerhaft in das Gedächtnis des Stadtteils zu integrieren«. Als der Versuch, ein Mahnmal zu errichten, am Bezirksgemeinderat scheiterte, kam die bundesweite Initiative des Kölner Künstlers Gunter Demnig gerade recht: Inzwischen erinnern rund 100 »Stolpersteine« auf den Gehwegen im Stadtteil an Menschen, die aus welchen Gründen auch immer, unter dem Nazi-Regime verfolgt und ermordet wurden. »Es ist schon ein besonderes Gefühl«, mit dem Gerhard G. inzwischen durch die Straßen geht und »seine« Gedenksteine sieht. Besonders freut es ihn, dass das Projekt inzwischen weitere Nachahmer gefunden und sich auf das gesamte Stadtgebiet ausgedehnt hat.*

*Wenn neben all diesen Aktivitäten die Lektüre etwas zu kurz kommt und er sich die Urlaube mit seiner Frau »manchmal fast rausschwitzen« muss, erfüllen ihn seine Engagements doch mit großer Befriedigung, »es ist ein gutes Geben und Nehmen«. Die beiden wandern gerne und viel und hoffen, ihrem großen Traum, einmal alle Hauptstädte Europas zu besuchen, wenigstens noch ein paar Orte hinzuzufügen. Das Alter ist für den 75-jährigen Herrn G. »überhaupt kein Thema«, er macht sich darüber keine Gedanken, »das Problem wird dann gelöst, wenn es da ist«.*

**Lebendige Erinnerungen**
Unter dem Internet-Suchbegriff *Geschichtswerkstatt* lassen sich viele Gruppen oder Vereine finden, die sich der Erforschung und Darstellung der regionalen *Geschichte von unten* verpflichtet fühlen und ihre Ergebnisse in Form von Dokumenten, Ausstellungen, Gesprächen oder Stadtführungen veröffentlichen. Unter dem Stichwort *Erzählcafé* oder *Erzählwerkstatt* sind viele Beispiele für solch eine lebendige Form des Geschichte(n)erzählens, etwa über die Kriegs- und Nachkriegszeit aufgelistet. *Zeitzeugenbörsen*, die in vielen Städten zu finden sind, verstehen sich als Verbindungsstellen, um die Generationen wieder miteinander ins Gespräch zu bringen.

## Mit warmen Händen vererben

»Wenn die Jungen kommen, dann doch nur, weil sie eines von mir wollen, mein Geld« – so die Klage mancher Großväter. Das mag schon sein, besonders wenn der Großvater sonst nichts zu bieten hat, aber noch schlimmer wäre es ja, wenn sie überhaupt nicht mehr kommen würden. Neben dem ideellen Austausch oder dem Austausch von Unterstützungsleistungen gibt es eben auch finanziell begründete Beziehungen, die ihre Berechtigung haben können. Im Rahmen des so genannten »kleinen Generationenvertrags« unterstützen alte Eltern und Großeltern ihre Kinder und Enkel vor allem mit finanziellen

Transfers und erfahren umgekehrt mit zunehmendem Alter Hilfen in Haushalt und bei der Erledigung anderer Angelegenheiten[30]. Die Älteren leisten einen erheblichen Beitrag zu einem innerfamiliären Finanzausgleich, eine Dimension, die in den aktuellen Diskussionen über Generationengerechtigkeit oft übersehen wird. Wenn das abgebrannte Enkelkind kommt, kann man die Auszahlung des Taschengeldzuschusses mit moralisierenden Lehrgeschichten über Taschengeldsätze und Verzichtsleistungen aus der Nachkriegszeit garnieren; der Beziehung förderlicher ist allerdings ein echtes Interesse an der Verwendung des finanziellen Zuschusses, zum Beispiel durch Einsicht in Prospekte oder durch einen gemeinsamem Einkauf.

## *ALT – Am Leben Teilhaben.*[31]

Und was interessiert die Alten an den Jungen? Einige womöglich gar nichts – für diese Alten gibt es Seniorenreservate wie *Sun City* in Arizona, wo kein unter 60-Jähriger die ewige Ruhe der dort lebenden 60 000 Alten stören darf; in etwas kleinerem Maßstab kann man solche Altenmonokulturen durchaus auch bei uns finden. Die meisten anderen Älteren jedoch sind zumindest an regelmäßigen intergenerativen Kontakten schlichtweg deswegen interessiert, weil sie normal sind, zum ganzen Leben gehören. Wir Älteren brauchen die Jüngeren um uns herum, so wie die Jüngeren auch die Begegnungen und Auseinandersetzungen mit den Älteren brauchen. Gerade in einer Zeit der zunehmenden Entmischung der Generationen, wo etwa die Vertragsbedingungen der Seniorentickets den Rentnern verwehren, vor neun Uhr morgens in Kontakt mit den Jungen und Berufstätigen zu kommen, werden wir in unseren Sozialkontakten immer ärmer. »Wir Alten sind Einwanderer in die Welt, in der die Jungen Eingeborene sind«, sagt die Ethnologin Margaret Mead und erinnert damit einerseits daran, dass wir die Welt von unseren Kindern nur zur schonenden, leihweisen Nutzung überlassen bekommen haben; zum anderen können wir die Welt nur dann richtig verstehen, wenn wir sie immer wieder auch durch die Augen der Jungen wahrnehmen. Die Sichtweise der Jungen, der Eingeborenen, ist keine bessere, aber eine andere, die uns immer wieder dazu zwingt, unsere Perspektiven zu überprüfen und, wo nötig, zu korrigieren.

**Leselust weitergeben**

Wenn Sie lesebegeistert sind, dann könnte eine *Vorlesepatenschaft* das Richtige sein. Rund 9000 freiwillige Vorleserinnen und Vorleser lesen im Rahmen der Stiftung Lesen regelmäßig in Kindergärten, Kindertagesstätten, Grundschulen, Bibliotheken und anderen Einrichtungen vor. Kinder, für die Lesen eher Frust als Lust ist, werden an Geschichten und Bücher herangeführt, ihre Vorstellungskraft wird ebenso geschult wie ihre Konzentrationsfähigkeit. Lesen ist eine unverzichtbare Schlüsselqualifikation für die gesamte schulische und berufliche Laufbahn eines Menschen.
www.wirlesenvor.de
www.deutschland-liest-vor.de

*Es knospt unter den Blättern.*
*Die Menschen nennen das Herbst.*

Hilde Domin erinnert uns mit ihrem wunderbaren Aphorismus daran, was uns das Altern jenseits aller Verluste an Neuem bescheren kann. Der Kontakt mit den Jungen kann uns etwas ganz Besonderes schenken, etwas, das vielleicht nur im Alter möglich ist. Eine neue Begegnung mit der eigenen Kindheit und Jugend, Erinnerungen, die wieder aufsteigen können, Gefühle, von deren Existenz wir nichts mehr wussten. Im höheren Lebensalter entdecken viele Männer erst so richtig die Schönheit der Natur, die wunderbare Vielfalt einer Blumenwiese, den Zauber einer einzigen Blüte; sie entdecken etwas längst Vergessenes aus ihren Kindertagen – das Staunen. Aufgewachsen in einer Männerwelt, in der Coolness eine der erstrebenswertesten Tugenden schien, hatten wir uns das Staunen als eine scheinbare Schwäche abgewöhnt; so wie wir uns als im Leben und Beruf allzeit Kompetente und umfassend Bescheid Wissende jene andere Lebensquelle verschlossen hatten – die Neugierde. Das Teilhaben an der Welt der Kinder, das sich Einlassen auf ihren Zugang zur Welt, auf ihre gescheiten »dummen« Fragen, können unserer jung gebliebenen Seele eine ganz neue Lebenslust und Lebensfreude bescheren.

### Kleine und große Forscher

*»Albrecht, Albrecht kommt!« Ein Pulk von Kindern stürmt Herrn A. entgegen, hängt sich ihm an Arme und Beine und zerrt ihn in die Experimentierecke, wo sie schon alles liebevoll für ihn vorbereitet haben. So un-*

*gestüm wird der 68-Jährige jeden Montagvormittag im Kindergarten empfangen, wo er seinen Wahlenkeln (die eigenen leben zu weit weg) mit kleinen naturwissenschaftlichen Experimenten die Welt erklärt. Er hat mit ihnen Schneeflocken eingefangen und ihre Kristallstrukturen erforscht, das Rätsel der süßen Eisberge im Salzwasser ergründet oder das Verschwinden des Zuckerwürfels im Tee verfolgt. Der pensionierte Berufsschullehrer, der früher meist Fragen beantworten musste, die keiner gestellt hatte, entwickelt ein immer größeres Interesse an den wirklichen Fragen der Kinder. Und angesteckt von deren Begeisterung holt er nebenbei selbst nach, »was er einst als zu braver Junge versäumte«. Er genießt die herzlichen Beziehungen, ist von den Erzieherinnen als einziges männliches Gegenüber für die Kinder gerne gesehen und bekommt so insgesamt fast mehr Wertschätzung als in seinem gesamten Lehrerberufsleben.*

*Als Albrecht A. vor vier Jahren pensioniert wurde, engagierte er sich als Kommunikationsberater in einer Maschinenbaufirma, bis dieser Auftrag auslief und er sich neu zurechtfinden musste. Ein Jahr hatte er mehr oder weniger orientierungslos in der Luft gehangen, bis er an den Punkt kam, wo er sich – schweren Herzens – von einer Fortsetzung seiner Karriere verabschiedete, »Schluss mit allem Alten« machte und sich für die Übernahme eines Ehrenamts entschied. Als Lehrer war er immer wieder mit schwierigen Biografieverläufen konfrontiert gewesen, nun wollte er etwas mit Kindern in einem Alter tun, wo die Weichen noch gestellt werden können. So suchte er eines Tages einfach den örtlichen Kindergarten auf und bot seine Hilfe an, wo die Erzieherinnen mit*

*dem älteren Herrn allerdings nichts anzufangen wuss-
ten. In der nächsten Einrichtung war er dann herzlich
willkommen und nach verschiedenen Suchprozessen
wie Vorlesen, Basteln und Fußballspielen hat Herr A. –
angeregt und inzwischen geschult durch die Bundesstif-
tung »Haus der kleinen Forscher« – heute das Seine gefunden: »Was ist der Glanz eines Unternehmensbera-
ters gegen den Glanz begeisterter Kinderaugen?«*

*Seine Frau, die anfänglich befürchtete, er würde sich
durch sein regelmäßiges Engagement, das er auf einen
weiteren Kindergarten ausgeweitet hat, zu sehr einbinden, genießt inzwischen die Begeisterung und die Geschichten, die er mit nach Hause bringt und die ihre Beziehung bereichern. Bei aller Verbindlichkeit, die ihm,
den Kindern und den Erzieherinnen gleichermaßen
wichtig ist, schätzt er seine Selbstbestimmung und Unabhängigkeit, die ihm ausreichend Freiräume und mit
seiner Frau genügend gemeinsame Zeit ermöglichen.*

**Mit Kindern forschen**

Eine vom Bundesforschungsministerium getragene
Stiftung will spielerisch die Begeisterung der drei-
bis sechsjährigen Mädchen und Jungen an naturwissenschaftlichen und technischen Phänomenen
wecken und fördert dabei Kindertagesstätten unter
anderem durch Paten, die die Erzieherinnen beim
Experimentieren unterstützen.
www.haus-der-kleinen-forscher.de

## Ich bin, was ich bereit bin zu geben[32]

Der amerikanische Psychoanalytiker Erik Erikson entfaltete ein viel zitiertes Stufenmodell, in dem er für jedes Lebensalter typische und spezifische Themen und Aufgaben der menschlichen Entwicklung beschrieb[33]. Für das reife Lebensalter benutzt er den Begriff der »Generativität« und verbindet damit den Auftrag, seine Aufmerksamkeit vermehrt auf die nächsten Generationen zu richten, auf den Erhalt der Welt und der Lebensbedingungen für die nach uns Kommenden. »Ich bin, was ich bereit bin zu geben.« Einer solchen Generativität stellt Erikson den Gegenbegriff der »Stagnation« gegenüber. Er beschreibt damit eine Haltung, die sich nur um sich selbst dreht und kümmert. Und dieses Weitergeben ist immer auch ein gegenseitiger Austauschprozess. Im Geben spüren wir unseren Stellenwert, werden wir gebraucht, sind unsere Kompetenzen gefragt, können wir von unserer Berufs- und Lebenserfahrung abgeben und etwas für unseren Selbstwert, für unsere männliche Identität tun. Im Tun erfahren wir uns als bedeutsam, erfahren Sinn und wissen, warum wir (noch) auf der Welt sind – weil wir dort noch etwas zu tun haben, was einen Unterschied macht.

### Der »Bergführer«

*Rudolf H. gehört zur Generation derer, die wussten, dass sie massenhaft in den Vorruhestand geschickt würden, und konnte sich so rechtzeitig auf seine frühe späte Freiheit einstellen. Als ihm dann mit 53 ein Angebot gemacht wurde, das er nicht ausschlagen wollte, hatte sich der Betriebswirt vorher noch rechtzeitig zum*

*Trainer weiterentwickelt, an dem sein Betrieb weiterhin als freier Mitarbeiter interessiert war. Als die Firma jedoch bald danach alle Vereinbarungen mit ihren Vorruheständlern kappte, war es gut, dass Herr H. daneben noch etwas ganz anderes begonnen hatte: Eine Heilpraktikerausbildung reizte ihn, »nie mit der Absicht, einen neuen Beruf daraus zu machen, sondern vor allem für mich selbst, aus medizinischem Interesse«. Aber diese Kenntnisse kommen ihm heute zugute in seinem Engagement in einem ambulanten Hospiz.*

*Doch dann waren es doch vor allem seine Berufs- und Trainerkompetenzen, die ihn über zufällige Kontakte mit Existenzgründerseminaren in Verbindung brachten und, gleichsam als Gegengewicht hierzu, mit Angeboten für Ruheständler und Jungsenioren. Mit einer eigenen Veranstaltungsreihe gab der heute 69-Jährige seither vielen Menschen Orientierung für den Übergang vom zweiten ins Dritte Alter; er selbst profitierte von vielfältigen, interessanten Begegnungen und Schicksalen und von einem wachsenden sozialen Netzwerk, das ihm bald weitere reizvolle Aufgaben zuwachsen ließ: Kurse an Volkshochschulen, Vorträge zur Lebensgestaltung im nachberuflichen Leben oder die Mitarbeit im Stadtseniorenrat.*

*»Wer für andere etwas tut, tut etwas für sich selbst.« Für den Alleinlebenden ohne familiäres Umfeld sind diese sozialen Netzwerke bedeutsame Rahmenbedingungen »für Austausch, die Weitergabe von Erfahrungen und die eigene Weiterentwicklung«. Er weiß, dass neue Freundschaften im Alter nicht leicht aufzubauen sind und man deswegen »aktiv Kreise von Gleichge-*

*sinnten suchen muss«. Die Planung einer Wohnge-
meinschaft mit Geistesverwandten will er bald ange-
hen, schon allein, weil er die vielen Treppenstufen zu
seiner jetzigen Wohnung eines Tages nicht mehr bewältigen wird.*

**Intergenerative Projektbörsen**

In vielen Städten angesiedelte *Wissensbörsen* oder
*Hobbybörsen* wollen Anbieter von Wissen und
Kompetenzen und Suchende zusammenbringen.

Das Projektebüro *www.generationendialog.de*
fördert bundesweit die Begegnung und den Austausch von Jung und Alt. Dazu hat es eine große,
bundesweite Datenbank mit vielen interessanten,
intergenerativen Projekten aufgebaut.

Das große, von der *Aktion Mensch* aufgebaute
Portal *www.diegesellschafter.de* enthält eine weitere
Fülle von Ideen für ein Engagement.

## 3 Sich engagieren

> Wollen wir vermeiden,
> dass das Alter zu einer spöttischen Parodie
> unserer früheren Existenz wird,
> so gibt es nur eine einzige Lösung,
> nämlich Ziele zu verfolgen, die unserem Leben
> einen Sinn verleihen:
> das hingebungsvolle Tätigsein für einzelne,
> für Gruppen oder für eine Sache,
> Sozialarbeit, politische, geistige oder schöpferische Arbeit.
> *Simone de Beauvoir*

1. Die späte Freiheit auskosten

Ich für mich

2. Kompetenzen weitergeben

Mit den Jungen

Nachbarschaftshilfe          Ehrenamt
Kirchengemeinde     Tafeln     Pro Asyl
Bürgerschaftliches Engagement
Seniorenbüro          Freiwilligenagentur
Stadtführer          Vesperkirchen
Straßenfest     In der Welt     attac
Parteien          Randgruppen
Bahnhofsmission          Bürgermentoren
Natur- und Umweltschutz     Spielmobil
Bibliotheken     Selbsthilfegruppen     Amnesty
International     Telefonseelsorge     Seniorenrat

3. Sich engagieren

Für das Alter

4. Früher an später denken

## *Überschuss an Hoffnung*

Unsere späte Freiheit schenkt uns nicht nur eine große Befreiung *von* den Zwängen des Geldverdienens, den Bevormundungen und dem Anpassungsdruck des Berufslebens, sondern sie beschert uns auch eine Befreiung *für* andere Wertigkeiten, Positionen und für ein anderes Hinstehen und Eintreten. Wenn uns bei mangelnder Anpassung keine Arbeitslosigkeit mehr droht, wenn wir keine Rücksichten mehr auf die Karriere nehmen müssen, wenn wir (hoffentlich) finanziell abgesichert sind, dann eröffnet sich uns eine neue Welt jenseits von Ökonomie und Zweckrationalität. Wir können, wie seinerzeit im Kosmos unserer Kindheit und Jugend, wieder Dinge um ihrer selbst willen tun, können unsere Kompetenzen verschenken, können wieder scheinbar Vergebliches, Utopisches und Widerständiges anpacken, was wir im mittleren Lebensalter als zu idealistisch und illusorisch abgetan hätten.

Nicht nur die Alt-68er kommen jetzt in die Jahre und fragen sich vielleicht, was sie wollten und was sie wurden; wer auch immer mit wachen Augen um sich sieht, wird feststellen, dass es in unserer Welt nicht ein Zuviel, sondern ein Zuwenig an Hoffnung und Idealismus gibt. Wo ein großer Teil der heute Jungen – angesichts einer schwieriger werdenden Arbeitswelt – als nüchterne, kalkulierende Realisten auf ihr eigenes Fortkommen schauen müssen, ist es vielleicht die Rolle derer, die in den optimistischen Zeiten der Wirtschafts-, Technologie-, Bildungs- und Demokratisierungswunder aufgewachsen sind, jenen Überschuss an Hoffnung zu leben, ohne die ein Volk verkommt[34]. »Ich sehe«, sagt der Theologe Karlheinz Bartel zu den Älteren, »den Weg weder im resignierenden Uns-Abfinden mit den Gegebenheiten, noch im besinnungslosen Feiern, noch im optimistischen Warten auf bessere Zeiten. Es geht vielmehr darum, dass wir, die Realität ins Auge fassend, standhaft und eigensinnig, souverän und uneinnehmbar, achtsam, entspannt und engagiert an zwei Dingen weiterarbeiten, am guten Umgang mit der Natur und am guten Umgang miteinander.«[35]

### David gegen Goliath

*»Ein Rentner, der seine Freiheit nicht ausnutzt, ist verloren für die Zivilgesellschaft!«, lautet das Credo von Rainer S. Der ehemalige Verkäufer von Maschinen ist im Laufe seines Berufslebens »immer mehr nach links gerutscht«, hat immer weniger die Kluft zwischen »vielen Chefs, die nichts tun, und den armen Würstchen an den Maschinen« ausgehalten. Entlassungswellen, Agenda 2010 und Hartz IV mit ihren »unmenschlichen Repressalien« waren es, die ihn auf einen Artikel über »attac«, das globalisierungskritische Netzwerk, reagieren ließen. Genauer gesagt war es eigentlich seine Frau gewesen, die ihm den Zeitungsausschnitt hingelegt und ihm vorgeschlagen hatte, da doch mal hinzugehen. Nachdem er mit 63 in den Ruhestand gegangen war, hatte sie sich Sorgen gemacht über ein mögliches Loch, in das er fallen könnte.*

*Herr S. fiel allerdings nicht, sondern wurde rasch eingebunden in die Mitgliederverwaltung und die interne Kommunikation der örtlichen Aktionsgruppe. Zwei bis drei Stunden pro Tag können es sein, die er*

am häuslichen Computer verbringt, um Mails zu be-
arbeiten, Rundbriefe auf den Weg zu bringen und die
Mitglieder einer dynamischen Vereinigung auf dem
Laufenden zu halten. Daneben organisiert er manche
Aktivitäten, hier eine Demonstration gegen die Arbeitslosigkeit, dort eine fantasievolle Aktion vor den Banken
oder eine Veranstaltung gegen internationale Saatgut-
konzerne. »Globalisierung und weltweite Finanzkrise
haben uns sprachlos gemacht«, darum will Rainer S. zusammen mit Gleichgesinnten in der ganzen Welt vor allem durch Bildung aufklären, »Alternativen zu den angeblichen Wirtschaftszwängen« entwickeln und durch
gezielte Aktionen aufrütteln.

Es kommt ihm schon manches Mal »wie der Kampf
von David gegen Goliath« vor, aber immerhin hat am
Ende der Geschichte ja David gesiegt. Es sind kleine
Erfolge, die Rainer S. den Mut geben, nicht locker zu
lassen, auch wenn er in seinem naturwissenschaftlich-
technischen Bekanntenkreis dafür nicht immer Ver-
ständnis erntet. Es ist vor allem auch der Rückhalt in
einer engagierten Truppe von zehn Mitstreitern, mit denen er sich regelmäßig trifft, der Jüngste könnte fast
schon sein Enkel sein. Der »Schwenk von der technischen Welt in die zivilgesellschaftliche« fiel ihm erst
nicht ganz leicht. Als Verkäufer mit klaren Umsatzvor-
gaben war er es gewohnt, »die Dinge mit großem Druck
durchzudrücken«, nun gelten die für ihn zunächst un-
vertrauten Prinzipien Basisdemokratie und Konsens-
prinzip. Dafür geht es ihm an einem Informations-
stand in der Fußgängerzone »wie früher auf der Messe:
Ich habe überhaupt keine Mühe, mit Passanten ins Ge-

*spräch zu kommen, da kann ich meine Berufserfahrungen eins zu eins übertragen.« Und sein technisches Know-how kommt ihm bei manchen Themen sehr zugute, was sich dann auch in kleinen Vorträgen niederschlägt, deren Erarbeitung »mich auch geistig fit hält«. Es ist die manches Mal überraschend große Resonanz bei Veranstaltungen zu aktuellen gesellschaftlichen Fragen, die ihm zeigt, wie viele Menschen »auf der Suche nach Alternativen zum real existierenden Kapitalismus« sind. Schließlich wird er in seinem Engagement bestärkt, wenn von attac aufgegriffene Themen, wie etwa der kurzsichtige Verkauf von öffentlichen Infrastruktureinrichtungen an ausländische Investoren, endlich doch in der Gesellschaft ankommen.*

*Mit seiner Frau, die seine politischen Interessen teilt, hat er eine gute Rollenteilung gefunden, »inklusive Mithilfe im Haushalt auf Anweisung«; im Übrigen hat jeder auch seinen Bereich, »man muss ein bisschen seine Individualität bewahren«. Seine Enkelkinder in der Ferne sind immer wieder wochenweise zu Gast oder werden von den beiden besucht und betreut, gerne würde er denen seine Liebe zur Modellfliegerei weitergeben. Eine Zeit lang hatten er und seine Frau damit geliebäugelt, im Ruhestand aufs Land zu ziehen, aber seine Mutter hatte ihm dringend geraten, »bleib in der Stadt, bevor du es nicht mehr rückgängig machen kannst«. So leben sie jetzt in einem Haus, das Rainer S. inzwischen so umgestaltet hat, dass sie es auch gut mit einem Rollstuhl erreichen und nutzen könnten.*

**Gerechtigkeit und Solidarität**

*Global denken, lokal handeln* ist das Motto all derer, die sich nicht durch die scheinbar unbeeinflussbaren Gesetzmäßigkeiten globaler Wirtschaftsinteressen und Kapitalströme beirren lassen. Im Bewusstsein, dass wir in unserem Wohlstand auf Kosten der armen Länder leben, dass Hunger, Kriege und Umweltzerstörung nur durch mehr globale Gerechtigkeit zu beseitigen sind, engagieren sich immer mehr Menschen in Projekten im In- und Ausland:

Die vor Kurzem noch belächelte, inzwischen auf fast 100 000 Mitglieder angewachsene weltweite Bewegung von *attac* setzt sich ein für eine ökologische, solidarische und friedliche Weltwirtschaftsordnung (www.attac.de).

*Weltläden*, früher 3. Welt-Läden genannt, verkaufen zu fairen Preisen und veranschaulichen die konkreten Produktionszusammenhänge. www.weltladen.de

Ruheständler gehen ins Ausland, um mit ihrer Berufserfahrung in Afrika Brunnen zu bohren oder Bildungsarbeit zu unterstützen. www.entwicklungsdienst.de

Freiwillige Helfer stiften internationale Partnerschaften, organisieren Paketsammlungen, akquirieren Sach- und Geldspenden und transportieren Hilfsmittel in Krisengebiete.

Seit fast 50 Jahren setzen sich mehr als 100 000 Menschen weltweit bei *Amnesty International* für eine Welt ohne Menschenrechtsverletzungen ein und wurden dafür mit dem Friedennobelpreis gewürdigt (www.amnesty.de).

Globale Wanderungsströme werden auch weiterhin *Flüchtlinge* aus der ganzen Welt nach Deutschland bringen, die bei uns auf eine Überlebenschance hoffen (www.proasyl.de).

Wer sichergehen möchte, dass sein Geld an der richtigen Stelle ankommt, kann eine Anlage machen und sich bei einer Kreditgenossenschaft wie *Oikokredit* engagieren, die mit Mikrokrediten Entwicklungsprojekte für benachteiligte und ausgegrenzte Menschen im südlichen Teil der Welt unterstützen (www.oikocredit.org).

Wir sind also so frei uns zu engagieren, wo immer wir Lust haben und gebraucht werden. Und gebraucht wird das *freiwillige Engagement*, das *Ehrenamt*, das *bürgerschaftliche Engagement* im Kontext des Gemeinwesens, die *Nachbarschaftshilfe* immer mehr. Es gibt mehr als genug zu tun, und glücklicherweise wächst auch die Bereitschaft, etwas zu tun. Alle Untersuchungen zur Engagementbereitschaft belegen deutliche Zuwächse bei den Älteren[36]. Dabei ist das zeitliche Engagement der älteren Männer deutlich höher als das der Frauen, was unter anderem auch daran liegen mag, dass sich Frauen »auf die Sphäre der engen, intimen Beziehungen, Männer auf die

flacheren Beziehungen in der größeren Gruppen« spezia-
lisieren[37].

Nicht nur eine Gesellschaft, der in absehbarer Zeit die
Jungen ausgehen und die Alten über den Kopf wachsen,
sondern eine menschenwürdige Gesellschaft überhaupt
braucht immer jenes Mehr an Aufmerksamkeit, Zuwendung und Einmischung, das von bezahlten Fachkräften
nicht geleistet werden kann. Die demografische Entwicklung lässt eine immer größere Diskrepanz zwischen den
Hilfs- und Betreuungsbedürftigen einerseits und dem
Nachwuchs für soziale Dienstleistungen andererseits erkennen. Zudem geht dem Sozialstaat das Geld aus bezie-
hungsweise wird es ihm für angeblich »systemrelevantere«
Rettungsaktionen entzogen; der Rückzug des Staates aus
immer mehr Lebensbereichen und eine wachsende Gerech-
tigkeitslücke rufen Bürger auf den Plan, die sich auch in das
Politische einmischen. Wer sich ehrenamtlich engagiert,
sollte darum immer auch prüfen, ob er mit seinem Ehrenamt dazu beiträgt, dass Qualität und bezahlte Stellen abgebaut werden und Fachkräfte ohne Arbeit auf der Straße
stehen.

Ehrenamt ist übrigens ein sehr weites Feld: Ehrenamt,
bürgerschaftliches Engagement und andere Freiwilligen-
dienste können dabei eine sehr professionelle, jedoch un-
bezahlte Dienstleistung sein, wie etwa bei den hervorra-
gend ausgebildeten Mitarbeitern der Telefonseelsorge. Sie
können aber auch eine mehr oder weniger geringfügig bezahlte Laientätigkeit, zum Beispiel im Rahmen der Nachbarschaftshilfe sein. Das eine sollte gegen das andere nicht
ausgespielt werden, beides hat seine Berechtigung. Vor allem wenn man das überwiegend in der bürgerlichen Mitte

angesiedelte freiwillige Engagement durch den Einsatz auch finanziell weniger gut gestellter Menschen erweitern will, muss man Möglichkeiten für ein finanzielles Zubrot schaffen.

## Kein Engagement ohne Kontrakt

Aber will und soll ich mich so binden, meine frisch gewonnene Freiheit riskieren? Wie komme ich da wieder raus? Wenn ich dem Herrn Pfarrer erst einmal meinen kleinen Finger gereicht habe, dann lässt der doch meine Hand nie wieder los! – Ja, Sie sollten in der Tat darauf achten, dass Sie sich nicht von einer Leibeigenschaft in die nächste verkaufen. Aber das Schöne am unbezahlten Ehrenamt ist, dass vielleicht zum ersten Mal in Ihrem Leben der Spieß umgedreht wird. Nicht der Arbeitgeber diktiert die Bedingungen, sondern ab sofort sind Sie der souveräne Anbieter Ihrer Kompetenzen und Ihrer Zeit, der seine wertvollen und auch andernorts gefragten Ressourcen nur zu eindeutig definierten Konditionen zur Verfügung stellt. Freiwilliges Engagement basiert in modernen sozialen Organisationen auf klaren Bedingungen, die Sie abfragen und einfordern sollten:

**Was Sie klären sollten, bevor Sie sich engagieren:**
- Was wird von mir genau verlangt, wie ist meine Aufgabe beschrieben?
- Welcher zeitliche Aufwand wird von mir erwartet?

- Was sind meine Pflichten?
- Was sind meine Spielräume und Rechte?
- Welche Rolle wird mir zugewiesen? Bin ich gleichwertiger Partner der Hauptamtlichen oder nur Erfüllungsgehilfe?
- Wie werde ich in meine Aufgaben eingeführt und für sie qualifiziert?
- Wie werde ich begleitet? Habe ich einen hauptamtlichen Ansprechpartner? Gibt es regelmäßige Mitarbeiter-Besprechungen, Supervisionen, Fortbildungen?
- Welche Formen der Anerkennung gibt es?
- Welchen Ersatz bekomme ich für meine Auslagen, gibt es sonstige Aufwandsentschädigungen?
- Wie bin ich versichert?
- Wie lange muss ich mich binden, gibt es eine Probezeit, wie kann ich – ohne schlechtes Gewissen – wieder aussteigen?
- Welchen anderen bereits tätigen Ehrenamtlichen kann ich ansprechen, um Referenzen einzuholen?

Wenn Sie Ihr neues Arbeitsfeld richtig auswählen und die Bedingungen nach Ihren Vorstellungen gestalten, dann braucht Ihnen vor einer solchen Bindung nicht bange zu sein. Sie werden in nie gekannter Souveränität tätig sein. Da Sie nicht bezahlt werden, kann Ihnen auch niemand etwas vorschreiben, man kann Ihnen bestenfalls Empfehlungen geben. Da Sie kein oder kaum Geld bekommen, wird Ihnen von Ihren Arbeitgebern meist ebenso viel

Dankbarkeit entgegen gebracht wie von den Klienten. Wenn Sie zum Beispiel einmal ein paar Tage in einem Altenheim zugange waren, werden Sie sich mit einer unglaublichen Fülle von Dankbarkeit beschenkt fühlen. Sie knüpfen ein ganz neues Beziehungsnetz, es entstehen vielleicht freundschaftliche Bindungen zu Menschen, mit denen Sie nie zuvor irgendwelche Kontakte hatten. Sie bekommen als Mann insbesondere in den vielen Frauenarbeitsfeldern der Sozialen Arbeit viel Anerkennung. Sie haben, wie früher Ihre Arbeitswelt, wieder Ihren externen Ort, der Ihrem Leben erneut eine Struktur gibt, Sie Bedeutung für andere erleben lässt, Ihnen Sinn vermittelt und Ihnen zu Hause eine Menge zu erzählen gibt.

Letztlich liegt einem Engagement für andere eine ganz eigennützige Motivation zugrunde, die zwar zunächst einmal anderen Gutes tut, am Ende aber zu einer Kultur des Zusammenlebens in einer Nachbarschaft, einer Kirchengemeinde, einer Kommune beiträgt, in der auch ich dereinst von anderen getragen werde.

---

**Die Engagement-Formel**

- *Ich für mich*
  Ich tue zunächst einmal aus eigenem Interesse ganz eigennützig etwas für mich.

- *Ich mit anderen*
  Ich bleibe dabei jedoch nicht alleine, sondern mache etwas mit anderen; ich suche mir Gleichgesinnte, die nebenher auch mein soziales Netzwerk erweitern.

- *Wir für andere*
  Wir bleiben allerdings nicht bei der Geselligkeit pur, sondern engagieren uns auch für das Gemeinwesen, für Bedürftige, für andere.

- *Andere für mich*
  Schließlich kann ich in einem solchen Umfeld darauf vertrauen, dass sich eines Tages, wenn ich selbst bedürftig sein werde, der Kreis schließt und andere für mich etwas tun werden.

## Von der Kehrwoche zum Straßenfest

Wo gibt es etwas zu tun? Geht man in konzentrischen Kreisen von innen nach außen, dann beginnt es natürlich in der Familie, wovon im nächsten Kapitel die Rede sein wird. Nach den Freunden, die schon zur Sprache kamen, kommt die Nachbarschaft. Mein Nachbar, wer ist das eigentlich? Wen kenne ich wirklich in meinem Umfeld? Wohin geht denn jener Mann, der seit vielen Jahren jeden Morgen an meinem Fenster vorbeieilt? Wie heißt jener Nachbar, der stets im ersten Gang vorbeifahrend offenbar alle so gerne wissen lässt, dass er wieder einmal als Erster aufgestanden ist? Jetzt, wo die kleinen Schwätzchen im Betrieb weggefallen sind, ist Zeit genug, die Schwätzchen auf der Straße zu pflegen. Wir Schwaben haben die hierfür hilfreiche Erfindung der Kehrwoche, bei der es zwar auch um Sauberkeit, viel wichtiger jedoch um eine legitime Möglichkeit geht, auf einen Besen gestützt mit Passanten ein paar Worte zu wechseln. Dort kann dann auch die Initiative für ein Straßenfest ergriffen und besprochen werden, auf das doch alle warten und nur so wenige sich trauen. Oder man erfährt von jener Alleinerziehenden im übernächsten Haus, bei der man klingeln und sich als künftiger Leihopa vorstellen kann. Wenn man nicht über Jahrzehnte als anonymer Nachbar leben möchte, sollte man nicht auf die Leute warten, sondern aktiv auf die anderen zugehen und diese etwa um einen kleinen Gefallen bitten, den die meisten Nachbarn gerne erfüllen.

Wie ist es um unser Quartier bestellt? Welche Missstände und Defizite gibt es hier? Warum kümmern wir uns als offizieller Pate nicht selbst um die vergammelte Grünfläche? Warum sponsern wir nicht eine Sitzbank, für die so mancher alte Mensch dankbar wäre? Warum stecken wir nicht gedankenlos auf Gehwegen abgestellten Autos freundliche Zettel an die Windschutzscheibe, die darauf aufmerksam machen, dass Kinderwagen und Rollatoren nicht mehr vorbeikommen können? Wollen wir auf den Laden um die Ecke, auf die letzte Einkaufsmöglichkeit für die Menschen ohne eigenes Auto, auf den letzten Begegnungsort im Viertel, ersatzlos verzichten? Oder gäbe es Chancen, ihn etwa über einen genossenschaftlichen Verein oder mithilfe einer sozialen Einrichtung als *Cap-Markt** zu betreiben?

---

* So genannte Cap-Märkte sind Läden, die von sozialen Organisationen betrieben werden und Mitarbeiter mit einem Handicap beschäftigen.

**Die gute Seele im Haus**

»Hallo, Herr Doktor, ich hab so Kopfweh, kommen Sie doch!« So wird Fred F. gelegentlich von einer alten Dame begrüßt, wenn er mit seinem Lederkoffer morgens das Haus betritt. Dabei ist der 69-Jährige doch »nur« einer der fünf ehrenamtlichen Hausmeister, die das kleine Pflegeheim verlässlich betreuen. Jeden Werktag kommt er für zwei bis drei Stunden ins Haus und macht alles: Türen reparieren, die Heizung regeln, ein verstopftes Rohr freilegen, den Garten pflegen, einen Rollstuhl schmieren, ein Bild aufhängen und natürlich alles Elektrische und Elektronische, für das der gelernte Fernmeldetechniker Experte ist. Herr F. genießt es, sich am Ende seines Berufslebens nochmals so breit entfalten zu können und mit all seinen Erfahrungen und Kompetenzen gefragt zu sein. Wo er nicht weiter weiß oder nicht alleine zurechtkommt, zieht er einen seiner vier Rentnerkollegen zu, schon auch, um denen »gelegentlich das Gefühl zu vermitteln, dass sie gebraucht werden«. Als versierter PC-Nutzer entwirft er auch schon einmal ein Plakat oder holt ein Angebot für die Hausleitung ein: »Das alles zusammen hält mich geistig und körperlich fit.«

Seine Frau hatte sich etwas gefürchtet vor seiner Verrentung, und so war es gut, dass er in seinen letzten Berufsjahren per Homeoffice tageweise von zu Hause aus arbeiten und die beiden sich schon ein bisschen an ein gemeinsames Leben im Haus gewöhnen konnten. Nach der Altersteilzeit ging er mit 61 in Rente, »viel zu jung, um schon mit Arbeiten aufzuhören, aber der Druck in der Arbeit nahm immer mehr zu«. Vier Wochen Urlaub mit seiner Frau waren die Zäsur ins nachberufliche Leben, in dem erst einmal eine komplette Renovierung ihres Hauses anstand. »Und dann war es gut, dass ich vom gerade neu gebauten Pflegeheim gefragt wurde, ob ich mich nicht ein bisschen um die Rufanlage kümmern könnte.« Der bei einer Schwestereinrichtung angestellte Hausmeister, der mit einem kleinen Stellenanteil auch dieses Heim mitversorgen sollte, war zu wenig präsent, so dass Herr F. gefragt wurde, ob er mit seiner Unterstützer-Crew nicht diese Aufgaben übernehmen wollte. Er wollte – »Was sollte ich denn zu Hause rumsitzen?« –, stellte aber sicher, dass der eingesparte Stellenanteil nicht gestrichen, sondern der Pflege zugeschlagen wurden.

Fred F. geht gerne in sein Heim, manchmal sogar »nur so, um mit den alten Leuten ein bisschen zu schwätzen« oder sie mit dem Rollstuhl ums Haus zu schieben. Die Heimbewohner freuen sich, wenn er kommt, und die alten Männer geben ihm gerne fachliche Tipps. Keine Frage, dass der gut gelaunte und kompetente Mann für alle Probleme auch bei den Mitarbeiterinnen beliebt ist und auf manche Tasse Kaffee eingeladen wird. Der tägliche Einsatz stört ihn nicht, er hat das Gefühl, eigentlich noch gar nicht im Ruhestand zu sein, »solange es kein Muss ist«. Sollte es einmal nötig werden, schreckt ihn der Gedanke nicht, einmal selbst in seinem Heim gepflegt und betreut zu werden.

Die kleine Landwirtschaft, die Herr E. mit seiner Frau zusammen betreibt, fordert von den beiden sowieso schon eine hohe Präsenz am Ort, »das große Rumreisen« ist ihm kein Bedürfnis. Er versteht sich gut *mit seiner Frau – auch deswegen, weil sie eine gute Arbeitsteilung gefunden haben: Sie ist zuständig für alles im Haus, er für alles ums Haus; er macht auf dem Acker das Grobe, sie das Feine. Im Übrigen engagiert auch sie sich mit Freizeitangeboten im Heim. An verlängerten Wochenenden genießen sie das Wandern, und in einem Dorf fordern die Vereine weiteres Engagement ab.*

## Männer in Frauenhäusern

Kirchliche Gemeindehäuser sind häufig die einzigen halböffentlichen Orte für Aktivitäten aller Art. Wenn Sie Ihr Leben lang Kirchensteuer abgeführt haben, dann gehört solch ein Haus auch Ihnen und lädt Sie ein, es zu nutzen. Das kann, aber muss nicht ein frommer Zirkel sein, es könnte zum Beispiel eine vergnügte Männerrunde sein, eine Stadtteilinitiative, eine kulturelle Veranstaltung. Die meisten Pfarrer sind froh, wenn sich Männer in Ihre (Frauen-)Häuser verirren und das Gemeindeleben durch neue Aktivitäten erweitern und bereichern. Nicht selten sind sie auch sehr daran interessiert, das Leben in der bürgerlichen Gemeinde insgesamt zu verbessern, und haben vielleicht schon das eine oder andere interessante Projekt angestoßen. Kirchengemeinden sind darüber hinaus einer der letzten Orte in unserer Gesellschaft, wo sich Jung und Alt, von der Wiege bis zur Bahre begegnen. Sollten Sie also irgendwann aus Ihrer Kirchengemeinde ausgewandert sein, schauen Sie doch mal wieder vorbei und lassen Sie es auf einen neuen Versuch – dieses Mal nach Ihren Vorstellungen – ankommen.

## Sich im Gemeinwesen engagieren

Die Kommunalverwaltung und die Kämmerer haben das Bürgerschaftliche Engagement entdeckt und suchen es wo möglich zu fördern. Häufig über entsprechende Stabsstellen oder auch Freiwilligenagenturen, die gelegentlich auch bei Verbänden angesiedelt sein können, wird heute weniger nach Ehrenamtlichen gesucht, mit denen ein Loch gestopft werden soll. Sondern es sollen eine spezifische individuelle Engagementbereitschaft und eine dafür möglichst genau passende Aufgabe zusammengebracht werden. Wenn Sie eine solche Agentur oder Börse aufsuchen, ist es hilfreich, vorher die im zweiten Kapitel empfohlene Kompetenzbiografie zu skizzieren, um sich darüber im Klaren zu sein, was Sie können und was Sie suchen. Die Kommune ist in der Regel auch das Gegenüber für Bürgerinitiativen aller Art; deren Hoch liegt zwar bereits einige Jahre zurück, aber die Initiatoren von damals könnten ja heute auf Ihre früheren Erfahrungen zurückgreifen.

## Bürgerschaftliches Engagement

Die Bundes- und Landesregierungen, Städte und Landkreise fördern das Engagement ihrer Bürger als aktive Mitgestalter des Gemeinwesens durch verschiedene Programme. Eine Stabsstelle für *Bürgerschaftliches Engagement*, ein *Seniorenbüro*, eine *Selbsthilfekontaktstelle*, eine *Freiwilligenagentur* oder *Freiwilligenbörse* sind vielerorts die Tauschplätze, wo die Anliegen der Stadt und die Kompetenzen der Bürger zusammengebracht werden. Auf den Homepages der Verwaltungen lassen sich meist eine Menge Aktivitäten und Adressen für Freiwilligenarbeit finden:

- *Bürgermentoren* organisieren ehrenamtliche Projekte.
- Ehrenamtliche *Stadtführer* zeigen die Sehenswürdigkeiten oder auch besondere thematische Schwerpunkte.
- Ein *Spielmobil* organisiert Spielgruppen in unterversorgten Stadtteilen.
- Im Schwimmbad werden ehrenamtliche *Bademeister* gesucht.
- Der *Sanitätsdienst* bei Sport- und Kulturveranstaltungen wird mit kostenlosem Eintritt belohnt.
- *Neubürger* der Stadt freuen sich über eine persönliche Begrüßung.

- In der *Politik*, in den Parteien oder bei Wahlen warten eine ganze Reihe von Aufgaben.
- Manches *Museum*, manche *Gedenkstätte* wären ohne den Einsatz von vielen unbezahlten Stunden von Heimatforschern, Fotografen, Handwerkern, Führern nie entstanden oder längst wieder geschlossen worden.
- Städtische oder auch kleinere *Bibliotheken* in Kirchengemeinden oder Krankenhäusern können mancherorts nur noch durch den Einsatz von Ehrenamtlichen betrieben werden.

Die gemeinnützige *Stiftung Mitarbeit* hat einen umfassenden Wegweiser in diese Bürgergesellschaft ins Netz gestellt: www.buergergesellschaft.de

## Vom Seniorenrat zum Generationenbeauftragten

Stadt- und Kreisseniorenräte wollen die Belange Älterer aufgreifen und zur Sprache bringen, die Interessen der älteren Generation gegenüber der Verwaltung vertreten und Rat und Hilfe bei allen Fragen anbieten, die Senioren betreffen, wie zum Beispiel Betreuungsrecht, Pflegeversicherung oder Wohnraumanpassung.

Diese Räte suchen meist weitere Leute, die sich engagieren wollen. Schauen Sie allerdings genau hin, wer dort das Sagen hat: Besetzen dort Verbandsvertreter die Entscheidungsebenen, birgt das bei allem ehrenwerten Engage-

ment die Gefahr, dass die von staatlichen Zuschüssen ab-
hängigen Profis eine Beißhemmung haben und womöglich den Mund nicht weit genug aufbringen, wenn es darauf ankommt.

Vorteilhafter ist darum in der Regel ein echter Bürger-
Seniorenrat mit unabhängigen und direkt gewählten Ver-
tretern.

Angesichts einer zunehmend ergrauenden Gesellschaft, die gelegentlich den Begriff der Gerontokratie
wachruft und automatisch immer altengerechter wird,
kann allerdings durchaus danach angefragt werden, ob
wir eine spezielle Seniorenvertretung überhaupt noch
benötigen. Zumindest sollte diese nicht nur eine Klientel-
politik verfolgen, sondern immer auch das Prinzip der
Generationengerechtigkeit aller sozialpolitischen Maß-
nahmen im Blick behalten.

Der andere Einwand gegen die Seniorenräte ist prinzi-
piell der gleiche wie gegen Jugendgemeinderäte, Auslän-
derbeiräte oder Seniorenabteilungen in Parteien und Ge-
werkschaften: Überall dort, wo es Sonderveranstaltungen
gibt, besteht die Gefahr, dass die »richtige« Politik diese
partiellen Interessen nicht mehr genügend berücksichtigt,
weil diese Gruppen ja doch ihre eigenen Gremien hätten.

## Schafft euch ein Nebenamt! *

Ob in unserer unmittelbaren Nachbarschaft oder in der großen weiten Welt, Armut und soziale Not gib es überall und sie wächst. Ist es anderswo vor allem der Hunger, der zunimmt, ist es bei uns vor allem die soziale Teilhabe, die immer mehr Menschen verwehrt wird. Immer mehr Kinder bekommen keine Nachhilfe und können nicht an außerunterrichtlichen Aktivitäten teilnehmen; Migrantenkinder erfahren keine ausreichende Sprachförderung; Jugendliche können nicht mit den Standards der Peergroup mithalten; Alleinerziehende können sich keine Kulturangebote leisten; ganze Familien beziehen ihre tägliche Lebensmittel über so genannte Tafelläden; an die Flaschensammler in den Straßen und Bahnhöfen haben wir uns bereits gewöhnt. Erwerbsunfähigkeit wegen psychischer Erkrankung nimmt zu; Gewalt und Radikalismus haben sich mangels lohnender Lebensperspektiven in die Gesellschaft fest eingenistet; die Flucht in Rauschmittel

---

* »Schafft euch ein Nebenamt, ein unscheinbares, womöglich ein geheimes Nebenamt! Tut die Augen auf und sucht, wo ein Mensch ein bisschen Zeit, ein bisschen Teilnahme, ein bisschen Gesellschaft, ein bisschen Fürsorge braucht. Vielleicht ist es ein Einsamer, ein Verbitterter, ein Kranker, ein Ungeschickter, dem du etwas sein kannst. Vielleicht ist es ein Greis, vielleicht ein Kind. Wer kann die Verwendungen alle aufzählen, die das kostbare Betriebskapital, Mensch genannt, haben kann! An ihm fehlt es an allen Ecken und Enden. Darum suche, ob sich nicht eine Anlage für dein Menschtum findet, lass dich nicht abschrecken, wenn du warten oder experimentieren musst! Auch auf Enttäuschungen sei gefasst. Aber lass dir ein Nebenamt, in dem du dich als Mensch am Menschen ausgibst, nicht entgehen. Es ist dir eines bestimmt, wenn du nur richtig willst.« (Albert Schweitzer)

aller Art scheint wenigstens vorübergehende Erleichterung zu versprechen.

**Menschen auf der Schattenseite**

Menschen in Not und schwierigen Lebenslagen wie *Obdachlose, Strafgefangene oder -entlassene* können mit einer Patenschaft unterstützt werden; überschuldete Menschen können mancherorts auch von ehrenamtlichen *Schuldnerberatern* begleitet werden. Wem die direkte Begegnung mit solchen Menschen (zunächst) zu bedrohlich scheint, ist in vielen Vereinen und Initiativen willkommen als Unterstützer in der Verwaltung, am Telefon, in der Redaktions- und Öffentlichkeitsarbeit oder beim Spenden-Eintreiben.

*Anderen helfen, ihre Würde bewahren zu können*

*Der entscheidende Impuls für Enno E. kam von seinem Hausarzt, als er diesen über seine bevorstehende Pensionierung mit 63 informierte: »Kommen Sie mir nur nicht mit Ihrem Garten! Im Winter ist eh nichts zu tun und im Sommer ist es den Rentnern zu heiß. Überlegen Sie sich bloß was Vernünftiges!« Diese Überlegungen wurden ihm erst einmal von seinem Sohn abgenommen, der die Bauerfahrungen seines Vaters für die Renovierung eines alten Bauernhofes in Anspruch nahm. Bald war Herrn E. jedoch klar, dass er sich nicht mehr so einbinden lassen und dass er mit seinem Beruf als Architekt abschließen wollte. So gehorchte er der Verordnung seines Haus-*

*arztes und überlegte sich etwas für draußen, wo es ihn hinzog, und etwas für drinnen, »für die klimatisch und gesundheitlich schlechten Tage«.*

*Draußen, das hieß zunächst einmal und heißt bis heute: seine vielen Reiseträume zu verwirklichen – »pauschal und stationär, mit seiner Frau, individuell und auf Achse mit Freunden«. Draußen, das begann aber auch schon vor seiner Haustür, und da gefiel ihm der Zustand der öffentlichen Grünfläche nicht: Er kümmerte sich mit einem Nachbarn ein wenig darum und fand sich »plötzlich zum städtisch anerkannten Grünflächenpaten erklärt«. Er ist davon überzeugt, »wenn sich alle Älteren um irgend etwas oder jemanden kümmern würden, stünde es um unsere Gesellschaft insgesamt besser«.*

*So war es für Enno E. kein weiter Weg zu einem sozialen Engagement, zumal er im Übrigen als zweimal im Leben Geflüchteter existenzielle Not auch am eigenen Leibe kennt. Ein Zeitungsartikel führte Herrn E. in die örtliche Vesperkirche, wo er für einige Jahre mit dafür sorgte, dass Bedürftige ein warmes Essen bekamen. Daraus ergab sich seine Mithilfe am Aufbau eines Tafelladens, wo überschüssige Lebensmittel gegen einen geringen Preis an arme Menschen abgegeben werden. Anfangs klapperte er als Fahrer die Supermärkte der Stadt auf Suche nach noch verwertbaren Lebensmitteln, »die er noch selbst essen würde«, ab. Seit seine Hüfte nicht mehr so recht mitspielt, arbeitet er einen Tag in der Woche im Verkauf. Nachdem am Vormittag die Ware sortiert und aufbereitet wurde, steht er nachmittags am Brotregal, gleich neben der Eingangstür, und freut sich, alte und neue Kunden begrüßen und mit manchem ein kleines Schwätzchen halten zu können. »Ich will nicht nur billig verkaufen, sondern den Leuten auch ein freundliches Wort mitgeben«; das ist ihm das Wichtigste und auch das Lohnendste, denn dafür erfährt er viel Resonanz und Dankbarkeit. So den Leuten auf der Schattenseite dabei zu helfen, ihre Würde bewahren zu können, erfüllt ihn seit zehn Jahren. Daneben fühlt er sich wohl in einem eingespielten Team, »wo keiner herumkommandiert, wo jeder sieht, was er zu tun hat« und wo die Ehrenamtlichen viel Spaß miteinander haben. »Denn ich gehe nicht in die Tafel, damit ich beim lieben Gott eine Bank weiterkomme!« Und wenn den 75-Jährigen wieder das Reisefieber packt, nimmt er sich selbstverständlich frei, um vielleicht noch einmal, wie vergangenes Jahr, einige Wochen in einem Kibbuz in Israel mitzuarbeiten.*

*Die Aktivitäten von Enno E. für drinnen haben viel mit Computer und Digitalkamera zu tun, mit denen er seine Reisevorträge erarbeitet, Kontakte pflegt und im Internet unterwegs ist. Auch an seine Flüchtlingsgeschichte hat er sich gemacht, hat sie aufgeschrieben, was für ihn eine gute Form der Vergangenheitsbewältigung war. Seine Frau hatte seiner Pensionierung mit Bangen entgegengesehen, weswegen er sich vorgenommen hatte, ihr »nie eine Last, sondern ein Helfer zu sein«. Und so erledigt er drinnen auch seine handfesten Putzdienste, durch die ihre Putzfrau überflüssig wurde und die auch seine Frau beruhigen, wenn sie gelegentlich der Meinung ist, »er würde doch den ganzen Tag nix Gescheites machen«.*

**Essen umverteilen**

Täglich werden in unserer Überflussgesellschaft Hunderte Tonnen einwandfreier Lebensmittel vernichtet, auf der anderen Seite gibt es auch in einem Land wie Deutschland viele Bedürftige, die diese Lebensmittel dringend gebrauchen können: vor allem Arbeitslose, Alleinerziehende, Geringverdiener, kinderreiche Familien und Rentner. *Vesperkirchen* und so genannte *Tafeln*, die von 800 gemeinnützigen Vereinen in ganz Deutschland betrieben werden, bemühen sich hier um einen Ausgleich: Sie sammeln diese Lebensmittel und geben sie an Bedürftige weiter – unentgeltlich oder zu einem symbolischen Betrag. Tafelläden sind nicht unumstritten, weil sie zur Verfestigung von Armut beitragen können. Aber für immer mehr Menschen sind sie eine Überlebenshilfe.

www.tafel.de

## Vom Handlanger zum Careworker

Wenn sich auch die Männer insgesamt mehr und zunehmend ehrenamtlich engagieren, wird das *soziale* Ehrenamt überwiegend von Frauen erbracht. Männer übernehmen dort häufig »Männertypisches« wie Fahrdienste, Reparaturarbeiten, Verwaltungsaufgaben und Regiefunktionen. Einen wirklich vernünftigen Grund gibt es für diese Rollenverteilung eigentlich nicht. Es ist eben die klassische Arbeitsteilung, die zunächst einmal Sicherheit gibt. Aber sie verbaut dem Mann auf Dauer *die* große Chance des nachberuflichen Lebens, nämlich endlich einmal etwas anderes als bisher zu tun. Es gibt da so genannte Push- und Pull-Effekte, die diese alte Rollenverteilung zementieren: Den Mann zieht es eher in bekannte Territorien, die vielen Frauen um ihn herum suchen jemanden, der das tut, was sie sich wiederum weniger zutrauen; sie können oder wollen sich oft auch nicht so recht vorstellen, dass der Mann die »weiblichen« Tätigkeiten genauso gut beherrschen würde wie sie. So braucht es in solchen von weiblichen Haupt- und Ehrenamtlichen geprägten Welten gelegentlich etwas Mut und Durchsetzungsvermögen, das zu tun, wozu Mann Lust hat oder worin er sich einmal erproben möchte. Lassen Sie sich keinesfalls zu dem degradieren, was Sie schon als Junge gehasst haben und weswegen Sie jetzt vielleicht von zu Hause geflohen sind: zum Handlanger der Frauen.

### Das Leben in vollen Zügen

*Es ist ein buntes Berufsleben, auf das Jörg J. zurückblickt. Sein Wunschtraum, eine Ausbildung bei der Bahn, war ihm verwehrt, weil er im Eignungstest zu klein war. Wenigstens waren es dann Lastwagen, die er als Industriekaufmann verkaufte, bis er sich eines Tages fragte, »ob es im Leben nicht noch Wichtigeres gibt, wo ich meine Kraft einsetzen kann«. Herr J. wurde fündig in der Arbeit mit Menschen mit einer Behinderung, wofür er nochmals die Schulbank drückte und Heilerziehungspfleger wurde. Diese Aufgabe gab ihm viel Spaß und Erfüllung, nach acht Jahren spürte er aber, dass sein Akku allmählich leer war und es wieder Zeit für etwas ganz anderes wurde. Er fand dies in einem Trupp bei der Stadtreinigung, wo er genoss, »ganz ohne Verantwortung etwas zu tun, bei dem man jeden Abend so sichtbare Ergebnisse sieht«. Ein weiteres Jahr in einem Entwicklungsprojekt in Bangladesh konfrontierte ihn mit menschlich tiefen Erfahrungen und so ganz anderen Lebensbedingungen. Danach war ihm klar, »dass mein Platz hier ist«, und er hatte frische Energien für weitere Engagements in der Betreuungsarbeit, die er mit einer Unterbrechung als Lkw-Fahrer – »morgens die Karre voll, abends leer, ein wunderbares Gefühl!« – bis zu seiner Rente mit 62 ausübte.*

*Er genießt seine große Freiheit sehr, hat den Übergang gut bewältigt. »Meine Frau und ich haben vorher nicht alles zusammen gemacht, das sollte auch jetzt so bleiben.« Herr J. macht viel im Haushalt, auch gerne in der Küche, allerdings immer abwechselnd, »das gibt sonst Krach«. Sie stimmen sich jeden Morgen ab, gehen gerne spazieren, aber der Espresso beim Italiener mit einer Stunde Zeitungslektüre gehört zu seinem ganz persönlichen täglichen Ritual. Und der alte Eisenbahntraum bricht etwas durch, wenn er mit seiner Monatsnetzkarte einfach mal mit Bus und Bahn quer durch die Gegend fährt. Auch weil Jörg J. keine eigenen Kinder hat und »eine gesellschaftliche Verpflichtung sieht«, kümmert er sich einmal in der Woche als Lernbegleiter um einen türkischen Jugendlichen. Sein Erstberuf als Kaufmann hilft ihm dabei, den Schülern die Mathematik etwas näher zu bringen.*

*Mit rund 50-jähriger Verspätung ist Herr J. schließ-*

lich doch noch bei der Bahn gelandet – bei der Bahnhofsmission. Nein, nicht um das Missionieren geht es ihm – womit dieser Dienst sowieso kaum etwas zu tun hat –, sondern um ganz praktische erste Hilfen für viele Menschen. Er trifft sie alle wieder, die Menschen aus den verschiedenen Stationen und Bereichen seines Lebens: die Alten, die Menschen mit einer Behinderung, die Mutter mit den drei Kindern, die an der falschen Station Ausgestiegenen, die Wohnsitzlosen, die Fernwehkranken, die Hungrigen, die mit der verlorenen Brieftasche, die Trostbedürftigen, die Fremden, die Gestrandeten, die »Kids on Tour«, die ihrem anderen Elternteil in der fernen Stadt übergeben werden, oder die Moslems, die einen stillen Ort mit ihrem Gebetsteppich suchen. »Zuhören, verstehen, ordnen, weiterhelfen« sind seine Aufgaben an den Wochenenden, an denen es dem heute 65-Jährigen noch nie langweilig wurde. Wenn es mal ein bisschen ruhiger wird, dann zieht er gelegentlich durch seinen Bahnhof, um hier oder da ein paar freundliche Worte zu wechseln.

»Ich nehme eine Gelegenheit wahr, wo ich mich nützlich machen kann; ich kann etwas geben und erlebe in kurzen, intensiven Begegnungen viel Dankbarkeit«, und darum freut er sich auf seinen Einsatz. Die fantasievolle und kreative Bewältigung von immer wieder neuen Herausforderungen fasziniert ihn in einem bunten Team von Haupt- und Ehrenamtlichen. »Und es bleibt ja noch so viel Zeit übrig – Mallorca am Strand wäre für mich der Horror!«

### Umstiegs- und Lebenshilfen

Die *Bahnhofsmission* hilft ganz handfest beim Reisen, rettet aus akuten Nöten, berät und vermittelt in existenziellen Notlagen – an den Bahnhöfen kommt alles zusammen. Es gibt kaum einen anderen Ort, kaum eine Tätigkeit, bei der man mehr über sich selbst, über andere und über das Leben lernen kann. Wer ein paar Stunden pro Woche in dieses Abenteuer eintauchen will, wird für diese Aufgaben vorbereitet und geschult.

www.bahnhofsmission.de

### Menschen in Lebenskrisen

Für viele isolierte und verzweifelte Menschen ist das Telefon oder das Internet der letzte Ort, wo sie um Hilfe rufen. Die *Telefonseelsorge* will Menschen in Not und Krisen bei Tag und bei Nacht anonym und vertraulich beistehen. Sie ist ein Gesprächs- und Beratungsangebot. Die 7000 ehrenamtlichen Mitarbeiter wurden nach einem Auswahlverfahren intensiv für ihre Aufgabe geschult und werden durch regelmäßige Supervision begleitet. Daneben gibt es auch weitere Krisendienste und Notrufnummern wie etwa für Gewaltopfer, Drogenabhängige, Kinder und Jugendliche, Frauen oder Senioren.

www.telefonseelsorge.de

Studieren Sie den Lokalteil Ihrer Zeitung, gehen Sie ins Rathaus Ihrer Gemeinde, fragen Sie Ihren Pfarrer oder am besten: Kommen Sie mit vielen Menschen ins Gespräch und es werden sich Ihnen eine Fülle von Notlagen, Hilfemöglichkeiten und interessanten Herausforderungen erschließen. Und dann einfach einmal etwas ausprobieren!

**Adressen zum Weiterstöbern**

Das *Bundesnetzwerk Bürgerschaftliches Engagement* ist ein Zusammenschluss von Akteuren aus Bürgergesellschaft, Staat und Wirtschaft und will bürgerschaftliches Engagement in allen Gesellschafts- und Politikbereichen fördern. Internet-Links führen zu mehr als 220 Projektträgern bürgerschaftlichen Engagements.
www.b-b-e.de

In der *Bundesarbeitsgemeinschaft der Freiwilligenagenturen e.V.* sind Ehrenamtsbörsen, -büros und Freiwilligenzentren zusammengeschlossen, die sich als Brücke zwischen engagementbereiten Menschen und gemeinwohlorientierten Einrichtungen verstehen. Freiwilligenagenturen informieren und beraten Engagierte und Interessierte vor Ort und bieten eine Auswahl individueller Engagementmöglichkeiten unterschiedlicher Art und Intensität; Internet-Links führen zu 300 regionalen Agenturen.
www.bagfa.de

Die Internetseite der Bundesarbeitsgemeinschaft der *Seniorenbüros* bietet einen Überblick über die Vielfalt des freiwilligen Engagements älterer Menschen. Vom Internet-Café über Alt-Jung-Projekte bis hin zur Integration von MigrantInnen sind die unterschiedlichsten Engagementfelder vertreten. Die Suchmaschine ermöglicht aus mehr als 1000 Initiativen auszuwählen.
www.senioren-initiativen.de

Die Stiftung Bürger für Bürger will das freiwillige, ehrenamtliche und bürgerschaftliche Engagement in seiner Vielfalt stärken und dazu beizutragen, die Bedeutung dieses Engagements für die demokratische Gesellschaft und die einzelnen Menschen in der Öffentlichkeit sichtbarer zu machen. Internet-Links führen zu einem breiten Spektrum von Engagementmöglichkeiten.
www.buerger-fuer-buerger.de

In der Bundesarbeitsgemeinschaft der Freien Wohlfahrtspflege e. V. arbeiten die sozialen Spitzenverbände zusammen: *Diakonie, Caritas, Rotes Kreuz, Arbeiterwohlfahrt* und *Paritätischer Gesamtverband*. Auf Bundes-, Landes-, Kreis- und Ortsebene sind Websites mit vielen Hinweisen und Internet-Links zu finden.
www.bagfw.de

*Pro Senectute* ist die umfassende Fach- und Dienst-
leistungsorganisation der Schweiz im Dienste der
älteren Menschen.
www.pro-senectute.ch

*Seniorweb.ch* ist eine Plattform und eine Commu-
nity (Club) für Menschen in der dritten Lebensphase und ein Netzwerk von Organisationen und
Initiativen in der Schweiz, die sich für die Belange
dieser Generation einsetzen.
www.seniorweb.ch

Mit rund 2000 Orts- und Bezirksgruppen in ganz
Österreich vertritt der gemeinnützige *Österreichi-
sche Seniorenbund* (ÖSB) seit über 50 Jahren die
Interessen der älteren Generation.
www.seniorenbund.at

## Global denken, lokal handeln

Geht man einen Schritt weiter in die große Politik und in
die globalen Zusammenhänge, so eröffnen sich auch dort
interessante Engagementfelder. Angesichts scheinbar un-
aufhaltsamer globaler Zwänge braucht es gerade hier engagierte ältere Männer, die die Jungen in der Hoffnung
bestärken, dass man doch etwas gegen die große Ma-
schine tun kann und nicht nur fatalistisch und tatenlos
zusehen muss, wie die Welt verkommt. Für solch einen

Schritt ist es fast nie zu spät, wie uns etwa der vom Saulus zum Paulus bekehrte ehemalige CDU-Generalsekretär Heiner Geißler lehrt, der inzwischen bei attac, der Globalisierungsinitiative, aktiv ist. Auch ohne gleich drohende Kriegsverbrecherprozesse der Jungen gegen die Alten wegen deren Umweltzerstörung an die Wand zu malen, wie dies der Soziologe Reimer Gronemeyer vor einigen Jahren tat[38], gibt es viele Männer, die sich in Naturschutzverbänden mit Jungen für den Erhalt unserer Natur einsetzen. Sie erinnern dabei auch wieder an jene alte Weisheit, wonach wir jenseits des kurzfristigen Verwertbarkeitsprinzips immer schon darauf angewiesen waren, dass man jenen Baum pflanzt, von dem erst die Kinder und Enkel etwas haben werden.

### Aktiv für Mensch und Natur

*»Und jetzt gibt es seit vielleicht Hunderten von Jahren zum ersten Mal wieder einen Biber!« Das ist eine der schönsten Belohnungen für Werner K. in seinen Anstrengungen, ein Flussbiotop zu renaturieren. Zusammen mit den acht anderen Männern »seiner Rentnertruppe« hatte er erfolgreich gegen die Ansiedlung eines Gärtnereibetriebes gekämpft, alte Entwässerungsgräben stillgelegt und mit Pflegeeinsätzen dem Feuchtgebiet wieder neues Leben eingehaucht. Auch wenn er manchmal schon etwas deprimiert ist, wenn seinem Naturschutzbund wieder die Mittel gekürzt werden, wenn er die Artenvielfalt immer weiter zurückgehen sieht oder wenn dickköpfige Grundstückbesitzer sich jedem Naturschutzgedanken verschließen, gibt er nicht*

*auf. »Da kann ich mich manchmal schon mordsmäßig aufregen und hätte große Lust, alles hinzuschmeißen.«*

*Aber wenn er sich dann mit seinen Mitstreitern für einen ihrer wöchentlichen Einsätze trifft, »wenn man so richtig hinlangt und dann die sichtbaren Erfolge sieht«, dann ist er wieder einigermaßen versöhnt und weiß, wie lebenswichtig ihr Engagement ist. Mal sind es spezielle Nistkästen, die gezimmert und aufgehängt werden; dann ist es das Zurückschneiden von Flussgehölzen, das unter Anleitung der Naturschutzbehörde fachgerecht geschieht; oder sie haben einen Mäheinsatz, um dafür zu sorgen, dass es wenigstens noch hier und da eine Wildblumenwiese mit der entsprechenden Flora und Fauna gibt. Bei größeren Aktionen am Wochenende stoßen gelegentlich Jüngere oder auch einmal eine Schulklasse zu einem Pflegeeinsatz dazu; oder sie erkunden mit denen den Lebensraum einer Streuobstwiese.*

*Herr K. hat zusammen mit Gleichgesinnten sich der gesamten Gemarkung angenommen, um die er sich zum Wohle der nach uns Kommenden kümmert. Ganz besonders die Vögel sind es, die sein Herz höher schlagen lassen. Für die Schwalben und Mauersegler hat er an seinem Haus Nistplätze angebracht, eine Gruppe von Schulkindern lässt er in die Kinderstube von Schleiereulen spicken oder er fährt selbst zu einem Naturschauspiel der besonderen Art nach Rügen, wenn sich dort Tausende Kraniche vor ihrem Weiterflug in den Süden einfinden. Und den neu zugezogenen Biber hat er zwar noch nicht mit eigenen Augen gesehen, aber ein sauber abgenagtes Stück Holz kann er als Beweis immerhin schon vorlegen.*

### Natur und Umwelt schützen

Zigtausende Bürgerinnen und Bürger leisten pro Jahr beim *Naturschutzbund Deutschland* oder beim *Bund für Umwelt und Naturschutz Deutschland* freiwillige Arbeit für *Tierschutz, Naturschutz* und *Umweltschutz.* Mithilfe dieser Zeitspenden können der *NABU* und *BUND* zwischen Ostsee und Alpen Tausende von Projekten zum Wohle von Pflanzen, Tieren und ihren Lebensräumen und damit für die Lebensqualität von uns Menschen verwirklichen. Freiwillige legen etwa Krötenzäune an, renaturieren einen Bach, ernten die Früchte einer Streuobstwiese, führen Kinder spielerisch an die Natur heran oder lassen Erwachsene auf Exkursionen den Zauber der Natur erleben. Darüber hinaus engagieren sich die beiden Verbände auch international und global.

www.nabu.de   www.bund.net

# 4 Früher an später denken

> Es wird vielleicht auch noch die Todesstunde
> Uns neuen Räumen jung entgegen senden,
> Des Lebens Ruf an uns wird niemals enden ...
> Wohlan denn, Herz, nimm Abschied und gesunde!
>
> *Hermann Hesse*

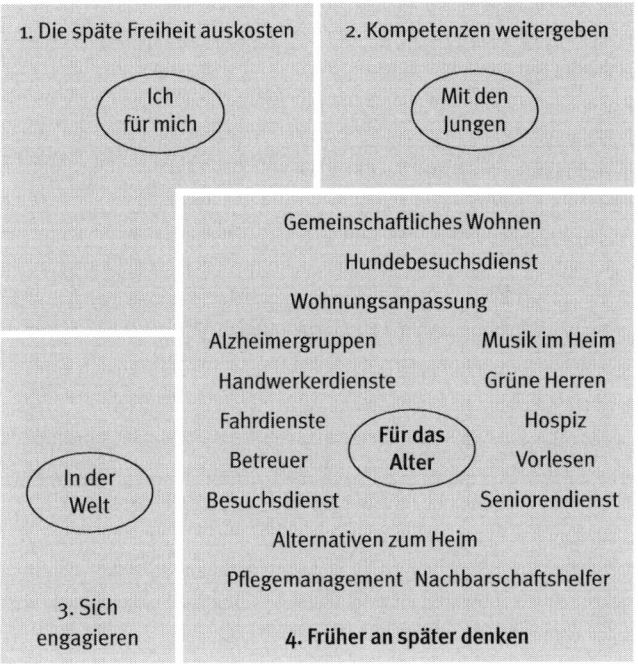

1. Die späte Freiheit auskosten

Ich für mich

2. Kompetenzen weitergeben

Mit den Jungen

Gemeinschaftliches Wohnen

Hundebesuchsdienst

Wohnungsanpassung

Alzheimergruppen    Musik im Heim

Handwerkerdienste    Grüne Herren

Fahrdienste    **Für das Alter**    Hospiz

Betreuer    Vorlesen

Besuchsdienst    Seniorendienst

Alternativen zum Heim

Pflegemanagement  Nachbarschaftshelfer

In der Welt

3. Sich engagieren

4. Früher an später denken

## Viele leben, als würden sie nicht älter als 60

Was immer wir auch für unsere körperliche und geistige Fitness tun, für welche Operationen oder Anti-Aging-Illusionen wir unser Geld ausgegeben haben, eines Tages ist das eigentliche Alter ein unübersehbarer Begleiter geworden, der uns nicht mehr verlässt*. Es ist jenes Vierte Alter, im statistischen Durchschnitt jenseits der 85 beginnend, zu dem der italienische Philosoph Norberto Bobbio einmal bitter anmerkte: »Wer das Alter preist, hat ihm noch nicht ins Gesicht gesehen.«[39] Die Hochaltrigkeit mit Gebrechlichkeit, Pflegebedürftigkeit und womöglich demenziellen Veränderungen ist ein merkwürdig ausgeblendeter Lebensabschnitt, obwohl er doch mit einiger Wahrscheinlichkeit auf jeden von uns zukommen wird. Die Hälfte der 60- bis 70-Jährigen denkt nie oder nur selten über das eigene Älterwerden nach, wobei die Männer sich noch weniger als Frauen mit dieser Lebensthematik beschäftigen und die Differenz zwischen Männern und Frauen mit zunehmendem Lebensalter wächst. »Viele leben, als würden sie nicht älter als 60 Jahre.«[40] Pflegebedürftigkeit ist mehr tabuisiert als Sterben und Tod, weil sie mit einer zunehmenden und irreversiblen Abhängigkeit einhergeht, die uns Männer besonders trifft, waren wir doch schon seit Jungenjahren so stolz auf unsere angebliche Unabhängigkeit, die uns endlich erwachsen sein ließ. Der Verlust von Selbstständigkeit und Kontrolle be-

---

\* Dazu hat seinerzeit schon Voltaire trefflich vermerkt: »*In der einen Hälfte des Lebens opfern wir unsere Gesundheit, um Geld zu erwerben. In der anderen Hälfte opfern wir Geld, um die Gesundheit wieder zu erlangen.*«

deuten darum den Verlust des Erwachsenenstatus und des Zentrums männlicher Identität. Der alte, pflegebedürftige Mann »fällt gewissermaßen zurück in eine weibliche Welt, in der er wie ein Kleinkind versorgt wird. So war er einmal gewesen, doch so wollte er als Mann nie wieder werden.«[41]

So wird dieses Thema von vielen Älteren verleugnet, führt dafür aber im Unterbewusstsein ein umso stärkeres Regime. Wenn die wachsende Angst nicht thematisiert werden darf, absorbiert sie immer mehr Anteile unseres psychischen Energiehaushaltes, um sie niederzuhalten. Gemieden wird jede Begegnung mit dem Angstmachenden: ein Besuch des verwirrten alten Herrn in der Nachbarschaft, ein Gang ins Pflegeheim zur alten Tante, eine persönliche Begleitung des sterbenden Freundes. Man will von all diesem mutmaßlichen Schrecken nichts wissen und hofft darauf, dass einen zur rechten Zeit der gnädige Schlag trifft oder dass man in einem letzten Akt »männlicher« Selbstbestimmung vorher seinem Leben ein Ende setzt*. Oder man hofft im Stillen darauf, dass die Kinder ein Erbarmen haben und einen versorgen werden. Kinder allerdings so unter Handlungsdruck zu setzen, ohne mit ihnen rechtzeitig die Möglichkeiten und Grenzen sowie die Bedingungen eines solchen Arrangements erörtert zu haben, ist Erpressung.

Deswegen sollte man schon im Dritten Alter den Kontakt mit Hochaltrigen suchen. Dies bringt mindestens

---

\* Die lebenslang immer schon deutlich höheren Suizidquoten der Jungen und Männer steigen im achten und neunten Lebensjahrzehnt auf das dreifache der Frauenquote an.

zweierlei: Für den alten Menschen ist es eine willkommene Zuwendung und für mich verringert es die Angst vor dem Alter.

## Noch einmal gemeinsam aufbrechen

Früher an später zu denken ist zunächst einmal weniger ein belastendes als vielmehr ein perspektivenreiches Thema. Wie will ich, wie wollen wir im Alter wohnen? Will ich es darauf ankommen lassen und in meinem immer größer werdenden Haus mit seinem immer schneller überwuchernden Garten, mit immer schlechteren infrastrukturellen Bedingungen bleiben, bis man mich eines Tages hinausträgt? Dann wäre zumindest eine zeitige rollstuhl- und altersgerechte Wohnraumanpassung sinnvoll, die oft schon mit kleinen baulichen Veränderungen möglich ist. In den meisten Kommunen und Landkreisen gibt es Beratungsstellen für Wohnraumanpassung, für die übrigens auch Mittel der Pflegeversicherung in Anspruch genommen werden können.

Oder will ich mich rechtzeitig mit altersgemäßen Alternativen beschäftigen? Rechtzeitig könnte etwa dann sein, wenn die Kinder endgültig flügge geworden sind und dem Ehepaar ein Projekt, das neue Gemeinsamkeiten stiftet, guttäte. Ein Wohnprojekt könnte noch einmal einen gemeinsamen Aufbruch bescheren, eine verbindende, beflügelnde Idee in die Beziehung bringen und insbesondere den Mann ohne Arbeit vor eine neue, handfeste Herausforderung stellen. Ein gemeinschaftliches Wohnprojekt, möglichst mit Menschen unterschiedlichen Alters, trägt der Tatsache Rechnung, dass die Kreise der Mobilität im Alter immer kleiner werden und dass alles Wichtige im Nahbereich angesiedelt sein sollte: eine Anbindung an den öffentlichen Nahverkehr, eine gute Versorgung mit Lebensmitteln und vor allem eine ausreichende Zahl von generationsübergreifenden sozialen Kontakten. So können unterschiedliche kommunikative Bedürfnisse in der unmittelbaren Nachbarschaft befriedigt werden und kleine gegenseitige Unterstützungsleistungen erhöhen die Wahrscheinlichkeit, auch im höheren Lebensalter nicht alleine zu stehen. Solche Projekte können keine professionelle Pflege ersetzen, aber gute Nachbarschaften können viele alltagsnahe und pflegeflankierende Hilfen leisten.

Schließlich sollte ein verantwortungsbewusster Ehemann mit Blick auf die amtlichen Sterbetafeln daran denken, dass seiner – meist jüngeren – Frau womöglich einige Witwenjahre bevorstehen. »Witwen müssen damit rechnen, ihren Ehemann im Durchschnitt um 14 bis 15 Jahre zu überleben.«* Da ist ein solches Wohnprojekt eine gute Prävention gegen Überforderung und Vereinsamung – sollte es umgekehrt kommen, helfen diese Rahmenbedingungen selbstverständlich genauso.

### Gemeinsam statt einsam

*Einen eigenen Verein hatte Lothar F. gegründet, um mit Gleichgesinnten ein Wohnprojekt fürs Alter zu entwickeln. Viele Jahre hatten sie geträumt und geplant,*

---

* Im Alter von 70–74 sind nur 10 % der Männer, aber schon 40 % aller Frauen verwitwet, jenseits der 80 beträgt das Verhältnis 35 % zu 80 % (4. Altenbericht 2002, S. 124).

*»aber als es dann ums Eingemachte ging, wurde nichts draus«.* Die anderen Jungsenioren wollten doch noch nicht so schnell aus ihren eigenen vier Wänden ausziehen, er aber war davon überzeugt, *»wenn man nicht mit 55, 60 anfängt, dann wird es nichts«.* So musste Herr F. sein Projekt erst einmal zu den Akten legen und das erste Jahr in seinem Ruhestand überbrückte der gelernte Krankenpfleger mit einem Vertreterjob für Küchenmaschinen, an den er zufällig geraten war. Als er es auf nur acht verkaufte Geräte brachte, *»haben die mich rausgeschmissen«.*

Herr F. und seine Frau wollten ihre Vision vom Alterswohnprojekt jedoch nicht aufgeben und orientierten sich um in die nächste Großstadt, um sich einer bereits funktionierenden, genossenschaftlichen Initiative anzuschließen. Über vier Jahre fuhren sie zu den 14-tägigen Treffen, wo alles gemeinsam geplant und sämtliche individuellen Wünsche integriert wurden. Daneben pflegten sie beide seine Schwiegermutter und kümmerten sich um ihre vielen Enkel.

Vor dem Umzug war es vor allem seiner Frau bei dem Gedanken bange gewesen, aus dem eigenen Haus in eine Zweieinhalbzimmerwohnung zu ziehen. *»Sie hat es noch keinen Tag bereut«,* denn in Wahrheit ist ihr neues Domizil natürlich viel größer. Die zwanzig Parteien teilen einen großzügigen Gemeinschaftsraum sowie gemeinsame Grünflächen, und es gibt viele einladende Wohnungstüren. In den vier Jahren seit Bezug sind die Familien mit Kindern, die Alleinstehenden, die Ruheständler, die Migranten, die Eigentümer und Mieter noch mehr zusammengewachsen. Neben den obligatorischen Hausversammlungen gibt es Ausflüge, gelegentlich sogar eine gemeinsame Urlaubswoche, Adventsfeiern, Spieleabende; und einen Hausmeister brauchen sie nicht. Regelmäßig kochen einige Ältere mit Kindern für das ganze Haus zu Mittag und einmal monatlich ist Brunch: »Jeder bringt etwas mit und meistens endet es dann erst abends um sieben.« Die Gemeinschaft funktioniert auch deswegen so gut, weil jeder kann und niemand muss. »Da gibt es auch ein paar, die sich aus der Gemeinschaft ausgeschlossen haben«, aber dafür bezeichnet Lothar F. fast alle anderen als seine Freunde.

Das gemeinschaftliche Wohnen hilft Herrn F. und seiner Frau, mit ihren sehr unterschiedlichen Kommunikationsbedürfnissen zurechtzukommen. »Meine Frau braucht viele Leute um sich rum, ich bin mir oft selbst genug.« Dann geht sie ein paar Türen weiter oder lädt selbst jemanden ein, das ist für beide gegenüber früher sehr entlastend. Der 70-Jährige ist sehr zuversichtlich, dass er bis zu seinem Lebensende in ihrer Wohnung bleiben können wird, wo er schon jetzt so viel Unterstützung im Haus erfährt und natürlich auch gibt. Schon bei der Planung hat er darauf geachtet, dass das Fenster, an das er sein künftiges Pflegebett stellen will, tief genug gesetzt wurde, um dann auf die Straße sehen zu können. In ein Heim will der frühere Heimleiter unter keinen Umständen: »Ich weiß, wie es dort zugeht!« Weil er als Alten- und Krankenpfleger »nie Zeit für die Menschen, gerade am Lebensende hatte«, engagiert er sich als Ehrenamtlicher nun in der Begleitung Sterbender. Immer wieder gibt ihm diese Aufgabe die Gewiss-

*heit, »dass das Leben nicht umsonst ist und jedes Leben seinen Wert hat«.*

*Seine Gesundheit lässt es nicht mehr zu, dass Herr F. seiner großen Passion, dem Segeln, weiter nachgeht, was ihn sehr betrübt. So wird er seinen großen Traum, die Donau bis zum Schwarzen Meer hinabzusegeln, nur noch mit einem Kreuzfahrtschiff wenigstens annähernd erfüllen können – sofern das die finanziellen Verhältnisse zulassen.*

**Wohnprojekte im Alter**
Im *Forum Gemeinschaftliches Wohnen* sind Vereine und Einzelpersonen zusammengeschlossen, die gemeinschaftliche, generationsübergreifende Wohnformen bekannt machen, initiieren und verwirklichen wollen. Die Geschäftsstelle informiert und berät Interessenten und unterstützt die Realisierung von Wohnprojekten, unter anderem auch durch eine Projektbörse und Links zu regionalen Initiativen.
www.fgw-ev.de

## Pflegen ist Männersache!

Die häusliche Pflege von Angehörigen ist keine den Frauen vorbehaltene Angelegenheit, sondern längst schon Männersache[42]. Zwar pflegen nach wie vor mehrheitlich Frauen, der Anteil von Männern an den Hauptpflegepersonen ist jedoch innerhalb von zehn Jahren von 17 auf

27 Prozent angestiegen[43]. Und wenn man nicht nur die Hauptpflegepersonen betrachtet, sondern alle an der Pflege beteiligten Angehörigen, dann liegt der Anteil der Männer schon bei 37 Prozent aller häuslich Pflegenden[44]. Bei den über 65-Jährigen kann darüber hinaus sogar davon ausgegangen werden, dass mehr Männer als Frauen pflegen[45]. Männer sind – darauf weisen verschiedene Untersuchungen hin – für Pflege bestens geeignet: »Männer wahren einen größeren inneren Abstand, sie sind weniger durch soziale Werte zur Pflege verpflichtet, setzen ihre Belastungsgrenzen früher, leisten deswegen seltener Schwerstpflege und fällen schneller die Entscheidung für eine Heimunterbringung.«[46] Männer empfinden weniger emotionale Belastungen und Burnout in der Pflege, erleben weniger Stress und weisen eine geringere depressive Symptomatik auf[47]. Männer tendieren dazu, Pflege als Arbeit zu betrachten, die sie mit managerartigen Techniken bewältigen, sie können innerlich besser das »caring for« und »caring about«, die funktionalen und emotionalen Aspekte von Pflege trennen[48]. Männer beziehen und bekommen mehr Hilfe von außen, sie erfahren mehr Anerkennung, weil Pflege als nicht zur männlichen Rolle gehörend betrachtet und deswegen als außerordentliche Leistung wertgeschätzt wird[49].

Der hohe und steigende Männeranteil in der Pflege ist noch wenig im allgemeinen Bewusstsein verankert, vielleicht auch deshalb, weil sich Männer in der Pflege selbst unsichtbar machen, weil sie mit ihrer »weiblichen« Aufgabe in Rollenkonflikte kommen und deswegen eher verschämt pflegen. Pflegende Ehemänner verbrachten Jahrzehnte in der männerdominierten öffentlichen Er-

147

werbssphäre und nun finden sie sich wieder in einer klassischen Frauendomäne, verrichten Hausarbeit und Pflege und müssen den Rollenwechsel vom sichtbaren Ernährer zum unsichtbaren »Schattenarbeiter« bewältigen, erleiden eine »strukturelle Feminisierung«[50]. Für viele Männer ist dieser Wechsel aus der öffentlichen Welt ins Private eine erhebliche kognitive und psychologische Herausforderung, denn anerkannte männliche Arbeit ist sichtbar und kreativ, die unsichtbare Pflege gibt den Männern das Gefühl, auch als Männer unsichtbar zu sein[51].

## Andere Seiten leben

Gleichzeitig leben Männer, die ihre Ehefrauen pflegen, auf. Sie können ihrem rollenlosen Zustand als Rentner entrinnen und eine nützliche Funktion übernehmen; die Helferrolle ermöglicht es den Männern, ihre Identität als Unterstützer der Familie aufrechtzuerhalten. Pflegende Ehemänner können ihren Partnerinnen etwas von dem zurückgeben, was sie lebenslang an Fürsorge empfangen haben, und sie erhalten dadurch schließlich ihre lebenslang unverzichtbare »Tagesdosis an Bedeutung für andere«[52]. Obendrein kann die Pflege von Partnerinnen oder Eltern Männern dazu verhelfen, abgespaltene und ungelebte Anteile zu leben und ihre fürsorgliche Seite fördern. Fürsorge und Pflege können eine neue Beziehungsqualität zum pflegebedürftigen Gegenüber ermöglichen, die anfängliche Pflicht kann zum Liebesdienst werden[53].

Wenn schließlich, wie bei schwer demenziell Erkrankten, die Sprache nicht mehr zur Verfügung steht, werden andere, emotionale und körperliche Kommunikationswege und Beziehungsdimension erforderlich, wie dies der Altersexperte Klaus Dörner aus Sicht eines verwirrten alten Menschen beschreibt: Gerade da ihm seine Sprache nicht mehr verfügbar sei, werde seine Beziehung zu den Angehörigen »nicht mehr von den eingeschliffenen rationalen Wortwechseln gestört, durch die die Beziehung einen existenziellen Tiefgang erreicht wie nie zuvor oder allenfalls in der frühen Kindheit.«[54] Für alle an der Pflege Beteiligten wird eine Begegnung und vielleicht sogar eine Lebensabrundung möglich, die auf der gewohnten, verbalen Ebene nicht denkbar gewesen wäre, wie dies etwa die pflegende Angehörige und Autorin Dorothea Jöllenbeck auf eindrucksvolle Weise beschreibt[55].

Pflege, insbesondere von Altersverwirrten, soll mit ihren teilweise übermenschlichen Belastungen nicht bagatellisiert und beschönigt werden. Wenn aber noch mehr Männer zur Pflege ermutigt werden sollen – ohne die übrigens der künftige Pflegebedarf nicht abzudecken sein wird –, dann sollte über sie nicht nur einseitig belastungsorientiert gesprochen werden. Ein Schreckensbild führt zu einer weiteren Abwertung und Verdrängung von Pflege und lädt nicht gerade zum Engagement ein[56]. Pflege kann also eine gewinnbringende neue Erfahrung für Männer sein, die einen produktiven Umgang mit der eigenen Angst vor Pflegebedürftigkeit und Demenz erlaubt und uns hilft, »bewusst angenommene Abhängigkeit«[57] als selbstverständlichen Teil des Lebens zu akzeptieren. So sieht auch Viktor V. sein Engagement in der Hospizarbeit: »Man muss mit dem Herzen arbeiten und nicht mit dem Verstand. Wo sonst kann man im Leben etwas ganz aus dem Herzen heraus tun?«

### Der Pflegemanager

*Zeitlebens hatte sich die ledige und allein lebende Tante liebevoll um ihre vier Neffen und Nichten gekümmert, hatte immer Zeit und ein offenes Ohr für die Kinder, brachte ihnen neue alte Spiele bei, war eine begeisternde Vorleserin. So war es keine Frage, »ein positives Pflichtgefühl«, dass sich die Neffen und Nichten nun um ihre 88-jährige, altersschwache Tante kümmern und ihr eine Heimunterbringung ersparen wollten. »Sie war eine unglaubliche Bereicherung für unsere Jugend, wir haben so viel von ihr bekommen, dass wir ihr etwas davon zurückgeben wollten«, sagt der 70-jährige Michael M., der für das »Pflegemanagement« verantwortlich war.*

*Das heißt, er tüftelte mit seinen Mitstreitern einen verbindlichen Dienstplan aus, der die Betreuungszeiten gerecht und immer vier Wochen im Voraus verteilte und damit jedem für seine sonstigen Aktivitäten und Urlaube verlässliche Planungssicherheit gab. Als die alte Dame dann zunehmend gebrechlicher wurde, reicherte er ihren bisherigen »Betreuungs- und Pflegemix« mit Nachbarschaftshelferinnen und Pflegekräften von der Sozialstation sowie mit Aufenthalten in der Kurzzeitpflege an. Auf diese Weise blieben die Belastungen für Herrn M. und seine Verwandten so im Rahmen, dass sie ihre alte Tante bis zu ihrem Tod im Alter von 92 Jahren gut und ohne über ihre Kräfte zu gehen versorgen konnten.*

*»Ich habe viel Dankbarkeit von meiner Tante zurückbekommen«, erinnert sich der frühere Verwaltungsbeamte und spricht von der Befriedigung und der Freude*

dieser Kümmerarbeit, »und wir sind uns – fast wie in den Kindertagen – nochmals sehr nahe gekommen.« Aber was ihm genauso wichtig ist: Das Altern der Tante hat ihn sehr zum Nachdenken über sein eigenes Alter angeregt. Dabei wurde ihm klar, wie wenig pflegefreundlich sein Haus ist, und er macht sich deswegen jetzt daran, die Erdgeschosswohnung barrierefrei umzugestalten. Gleichzeitig weiß seine Frau, dass er sich für die letzte Lebenszeit eine Heimunterbringung vorstellen kann, seitdem er selbst die Grenzen der häuslichen Pflege erfahren hat.

Das Beispiel seiner Tante vor Augen, die ein großes Bedürfnis nach Kontakten hatte, ist ihm schließlich bewusst geworden, »dass man das Alter äußerlich und innerlich so gestalten muss, dass es trotz eingeschränkter Mobilität erfüllt sein kann«. Unter anderem hat er deswegen vor Kurzem damit begonnen, eine DVD-Sammlung von allen Spielfilmen anzulegen, die ihn in seinem Leben bewegt haben. Herr M. ist ein Mann, der eigentlich immer schon alleine sein konnte: »Ich brauche meine absoluten Rückzugszonen, aber ich weiß auch, wie gut mir immer wieder Kontakte und der Austausch tun.« Darum pflegt er als Gegengewicht ein Kontaktnetz von rund 20 Menschen, mit denen er regelmäßig ein- oder zweimal im Jahr ein Treffen plant – meist verbunden mit einer Wanderung; so vertraut er darauf, dass er im Alter nicht vereinsamen wird.

## Hilfsbedürftige und Helfensbedürftige

Männer, aber natürlich auch Frauen, die ihre Angehörigen zu Hause pflegen, können sehr in die Isolation geraten, wenn der pflegebedürftige Mensch, etwa bei schwerer Demenz, nicht mehr ohne Aufsicht gelassen werden kann. Hier können ein oder zwei Stunden Besuch pro Woche ein großes Geschenk sein, wodurch der Pflegende in Ruhe einmal das Haus verlassen kann und der Pflegebedürftige einen anderen Ansprechpartner hat. Von Mann zu Mann können andere Themen besprochen, kann vielleicht auch biografisch Wichtiges zur Sprache kommen. Und selbst die Kommunikation mit einem verwirrten alten Menschen kann etwas durchaus Beglückendes, Bereicherndes, gelegentlich sogar etwas ausgesprochen Vergnügliches sein und dieser Persönlichkeitsveränderung etwas von ihrem Schrecken nehmen.

Jenseits des 80. Lebensjahres sind 90 Prozent der Frauen alleinstehend und 40 Prozent der Männer[58]. Das

**Verwirrte besuchen**
Die Deutsche Alzheimer Gesellschaft und ihre Mitgliedsgesellschaften sind Selbsthilfeorganisationen, die sich für die Verbesserung der Situation der Demenzkranken und ihrer Familien einsetzen. Internet-Links zu den regionalen Organisationen informieren über Engagementmöglichkeiten in Gruppen oder Besuchsdiensten vor Ort.
www.deutsche-alzheimer.de

bedeutet: Es gibt viel Einsamkeit im Alter, und das möge uns gelegentlich an die Frage erinnern, wie es denn um unser eigenes soziales Umfeld bestellt ist und was wir gegebenenfalls zu dessen Erweiterung rechtzeitig, das heißt heute, tun sollten? Besuchsdienste werden in Krankenhäusern von *Grünen Damen und Herren* angeboten, deren Bezeichnung nicht von der Grünen-Partei, sondern von den grünen Kitteln herrührt; Ehrenamtliche in Kirchengemeinden besuchen alte und kranke Gemeindeglieder; ambulante Sozialstationen vermitteln geringfügig honorierte Nachbarschaftshelfer; mancherorts gibt es Organisationen, die über die Vermittlung von Hausärzten gezielt auf vereinsamte Hochbetagte zugehen.

### Der Vorleser

*Harry H. hatte sich in seinem letzten Berufsjahr, bevor er vor einem Jahr mit dem Blockmodell der Altersteilzeit ausschied, eine lange Liste gemacht: »Mehr ins Theater gehen, Motorradfahren, in die Berge, der Jakobsweg – aber irgendwie habe ich mich bisher zu nichts davon aufraffen können.« Abgearbeitet sind die kleineren Merkposten, die Wohnung ist frisch gemalt, der Keller aufgeräumt und andere aufgeschobene Jobs sind erledigt.« Er genießt es, dass nach 47 Berufsjahren morgens kein Wecker mehr klingelt, »aber jeden Morgen überlegen, was heute Programm sein soll, ist manchmal doch etwas mühsam«. Heute würde er eine echte Altersteilzeit, das heißt mit einer Halbtagsphase, wählen. Harry H. ist es nicht langweilig, aber das Seine hat er noch nicht so recht gefunden.*

*Da war es gut, dass er auf einen Zeitungsartikel*

*stieß, der zum Aufbau eines Besuchsdienstes für einsame alte Menschen einlud. Er hatte mehr als genug Zeit und wollte auf alle Fälle etwas Ehrenamtliches machen, unter anderem auch »um der Gesellschaft etwas zurückzugeben.« Aus dem vorsichtigen »Ich dachte, das schau ich mir mal an« ist sein regelmäßiger Mittwochstermin geworden, auf den er sich wahrscheinlich ebenso freut, wie die blinde alte Dame. Mit Vorlesen aus der Tageszeitung beginnt ihr zweistündiges Programm, danach folgt ein Kapitel aus Helmut Schmidts Erinnerungen. »Ich bin immer wieder total beeindruckt, wie interessiert, informiert und lebendig diese 90-jährige Frau noch ist.« Sie diskutiert und fordert Herrn H. in seiner Fachkompetenz als Steuerberater, wenn sie von ihm alle möglichen wirtschaftlichen Zusammenhänge erklärt haben möchte. Sie revanchiert sich bei ihrem Vorleser mit Erzählungen aus der Kriegs- und Nachkriegszeit und hat bei ihm mit ihrem einladenden Vorbild das Interesse an Altersfragen geweckt; seither studiert und sammelt Herr H. Zeitungsartikel zum Thema Alter(n). »Dann fahre ich nach Hause und denke, jetzt habe ich heute was getan, was finanziell nicht aufzuwiegen ist.« Alle vier Wochen trifft er sich mit anderen Leuten vom Besuchsdienst, um Erfahrungen auszutauschen und, wo nötig, fachlichen Rat zu bekommen.*

*Das abschreckende Beispiel seines pensionierten Seniorchefs vor Augen, der noch immer jeden Tag in sein altes Büro kommt, »wohl von seiner Frau weggeschickt«, beschränkt er seine beruflichen Tätigkeiten auf einige Altfälle in der Firma und einige private Man-*

danten. »Ansonsten bin ich der Privatsekretär meiner Kinder«, für die er allen möglichen »Formularkram« und sonstige schriftliche Arbeiten erledigt. In der häuslichen Arbeitsteilung mit seiner Frau, die noch halbtags berufstätig ist, hat er ein paar weitere Aufgaben übernommen. Die beiden haben sich arrangiert, er geht auch viel aus dem Haus, unter anderem zu Vorlesungen an die Universität. »Meine Frau hatte sich das schlimmer vorgestellt.«

Harry H. will bald mit seiner Frau zu einer richtig großen Reise durch die amerikanischen Nationalparks mit dem Wohnmobil aufbrechen. Im Übrigen denken die beiden immer wieder einmal darüber nach, ob sie im Alter nicht wieder in ihre ländliche Herkunftsregion in Hessen zurückziehen wollen, aber Herr H. vermutet – wohl zu Recht –, dass er inzwischen viel zu sehr verwurzelt und ein Großstädter geworden ist.

**Grüne Herren**

sind Ehrenamtliche, die persönliche Wünsche von Patienten und älteren Menschen in Krankenhäusern und Altenhilfe-Einrichtungen erfüllen. Sie nehmen sich Zeit zum Zuhören, für Gespräche und zur Erledigung kleiner Besorgungen und Hilfeleistungen. Sie tun also Dinge, zu denen die Hauptamtlichen in den Einrichtungen nicht immer die nötige Ruhe haben.
www.ekh-deutschland.de

## Hundebesuchs- und Handwerkerdienste

Wem dies alles ein bisschen zu bedrohlich, weil zu persönlich, oder als eine Überforderung vorkommt, weil er befürchtet, dass ihm die rechten Worte fehlen werden, findet vielleicht einen Zugang über ein geeignetes Medium. Das kann zum Beispiel der Hund sein, mit dem in immer mehr Heimen Hundebesuchsdienste eingerichtet werden, wo unter anderem auch ansonsten in sich verschlossene demenziell Erkrankte plötzlich wieder aufleben. Ein anderer kommt mit seinem Musikinstrument zum Nachmittagskaffee, um mal wieder »Hoch auf dem gelben Wagen« anzustimmen. Und wer weder Hund noch Ziehharmonika hat, liest den Männern im Heim am Montag aus dem Sportteil der Zeitung vor.

**Hundebesuchsdienste**
wollen insbesondere alten Menschen wieder Kontakt zu einem Tier, zu einem Hund zu ermöglichen. Meist sind diese selbst ja nicht mehr in der Lage, einen eigenen Hund zu halten, und leiden unter diesem Mangel. Gerade bei Menschen mit einer demenziellen Erkrankung haben Tiere oft eine erstaunliche therapeutische Wirkung. In vielen Pflegeheimen gibt es bereits bestehende Gruppen, andere freuen sich über den Aufbau eines neuen Angebots.

In fast allen größeren Städten führen Handwerkerdienste in Altenhaushalten kleine Reparaturen aus, für die sich kein regulärer Handwerker interessiert; und auch hier ist der defekte Lichtschalter die Legitimation für das mindestens genauso wichtige Anliegen, nämlich ein bisschen miteinander ins Gespräch zu kommen. Wichtig ist für manche alte Menschen auch, einen Menschen ihres Vertrauens zu haben, mit dem sie ihre Finanzen regeln können; hierzu kann man sich den örtlichen Betreuungsbehörden als ehrenamtlicher Betreuer anbieten. Fast immer und überall willkommen sind Männer, die gerne Auto fahren, um Essen zu verteilen oder sonstige Fahrdienste zu erledigen; Gespräche ergeben sich dabei wie von selbst oder nach Lust und Laune des Fahrers.

**Amtliche Betreuer**
In Deutschland gibt es zurzeit etwa eine Million Menschen, die insbesondere im Alter ihre Geschäfte nicht alleine erledigen können und einen *Betreuer* benötigen. Ein Betreuer ist Vertrauensperson und sozialer Anwalt in einer Person, hilft bei Behördengängen, erledigt den Schriftverkehr, trifft finanzielle Regelungen, klärt Ansprüche und kümmert sich um Wohnungsangelegenheiten. Ansprechpartner sind die örtlichen Betreuungsbehörden oder Vormundschaftsgerichte.

### Der Allrounder

*»Mit 35 gehört man zum alten Eisen!« – das war so ziemlich die bitterste Botschaft, die Thomas T. in seinen 37 Berufsjahren jemals gehört hatte. Mit diesem zynischen Kommentar beendete eine gerade mal 30-jährige Personalerin seine Laufbahn bei einer Telekommunikationsgesellschaft. Ausgerechnet ihn sollte es treffen, der sein Berufsleben mit mechanischen Wählscheibentelefonen begonnen, der in den Kindertagen der Computerisierung Lochkarten gestanzt und der sich immer auf den Stand der neuesten elektronischen Technik gebracht hatte? Innerhalb von wenigen Wochen hatte er zu akzeptieren, dass er und sein gesamtes Geschäftsfeld trotz einer Menge Überstunden angeblich überflüssig waren. Mit 52 wurde er zwar in einer »Auffanggesellschaft« materiell abgesichert, psychisch fiel er jedoch in ein großes Loch. So war es ein Glück, dass wenigstens in dieser Beschäftigungsfirma seine Qualifikationen gesehen, geschätzt und gebraucht wurden und sich der gelernte Fernmeldetechniker die fünf Jahre bis zu seinem Vorruhestand mit 57 noch einmal entfalten konnte.*

*»Seit der Pensionierung geht es mir jeden Tag immer besser.« Der große und zunehmende Druck in der Firma ist von ihm abgefallen, »die immer utopischeren Zielvorgaben«; mitgenommen hatten ihn auch die bedrückenden Schicksale vieler ehemaliger Kollegen. Da seine Frau noch arbeitet, bezeichnet sich Herr T. jetzt als Hausmann, putzt und wäscht, »da fällt mir kein Zacken aus der Krone!« Lediglich um die Waschmaschine macht er einen Bogen, »die Sortiervorstellungen meiner Frau werde ich wohl nie kapieren«. Schon vor*

zehn Jahren hatte er sich ein Hobby zugelegt, die Mö-
belschreinerei. »Gegen die viereckigen Augen«, die ihm
sein Berufsalltag vor dem Bildschirm bescherte, wollte
er ein Gegengewicht setzen. In seinem Keller bastelt er
nun vor allem Stilmöbel, die er meist verschenkt; die
Wohnung seines Sohnes hat er fast ganz bestückt, das
Kind der Nachbarin liegt in seiner Wiege.

»Aber ich wollte auch etwas tun, um unter die Leute
zu kommen.« Zunächst dachte Thomas T. an 400-Euro-
Jobs, »aber ich wollte denen, die das Geld wirklich
brauchen, die Arbeit nicht wegnehmen.« Seine Inter-
netrecherchen führten ihn zu einem sozialen Reparaturdienst, der handwerklich geschickte Männer suchte.
Der »Allrounder«, der in den letzten 30 Jahren »keinen
Handwerker mehr in mein Haus gelassen hatte«, war
willkommen. Ein paar Mal im Monat ist er jetzt bei
Bedürftigen, wie jener behinderten Frau, der er nach
dem Umzug ein paar Lampen aufhängte; bei der Harz-
IV-Empfängerin, die Hilfe beim Aufbau des gebrauch-
ten Kleiderschranks brauchte; bei dem alten Herrn, der
seine Fernsehkanäle nicht mehr fand. Für einen kleinen Obolus hilft er überall dort, »wo der Mann im Haus
fehlt« und wo ein regulärer Handwerker nicht hingehen
würde. Es ist für den jetzt 58-Jährigen immer wieder
spannend, zu neuen Leuten zu gehen und mit denen
ins Gespräch zu kommen, »und dann habe ich wieder
einen Menschen glücklich gemacht«. Einmal im Monat
trifft sich die Rentnertruppe, um sich auszutauschen,
Tipps von den Fachkollegen zu holen und sich miteinander zu vergnügen.

Wenn seine Frau in den Ruhestand geht, wollen sie

*nach Hamburg ziehen. Sie lieben den Norden, wo sie jedes Jahr im Urlaub sind, und er hat keine Bedenken, sich als »offener Mensch« dort nochmals zu verwurzeln. Und wo es in der Großstadt vermutlich viel soziale Not gibt, geht er davon aus, dass sie auch dort soziale Handwerker brauchen können. Wie es dann im hohen Alter weitergehen wird, darüber macht sich Thomas T. heute keine Gedanken. »Ich bin ein Mensch, der alles auf sich zukommen lässt – ändern kann ich's eh nicht.«*

**Mit Rat und Tat**

Wer sich handwerklich betätigen möchte, kann sich einem *Sozialen Handwerkerdienst* anschließen. Ein Team aus Rentnern mit unterschiedlicher Berufserfahrung unterstützt Menschen, die sich aus finanziellen oder gesundheitlichen Gründen selber nicht helfen können, mit kleinen Reparaturarbeiten. Dazu gehören etwa Ältere, Alleinerziehende, Familien mit geringem Einkommen, Arbeitslose oder Menschen mit Behinderungen. Unter den Begriffen *Reparaturdienst, Seniorendienst, Senioren helfen Senioren* lassen sich an vielen Orten solche Initiativen finden.

## Endstation Sehnsucht?

Würden Sie im Bedarfsfall in das nächstgelegene Pflegeheim einziehen? Wenn Sie das nicht beurteilen können,
weil Sie es noch nicht kennen, dann gehen Sie doch einfach mal hin. Lassen Sie sich vom ersten Eindruck nicht
zu sehr erschrecken und schauen Sie nach den Männern,
von denen es weder bei den Pflegekräften noch bei den
Bewohnern in der Regel mehr als einen Anteil von 20 Prozent gibt. Pflegeheime sind Frauenhäuser, in denen es
meist zu wenig Männerspezifisches gibt. Wo es zu wenige
Männer als Gegenüber gibt, die den Mann in seinem Denken und Fühlen, in seinen Nöten verstehen.

*Viktor V. begleitete einen schwerkranken ehemaligen
Offizier, »ein harter Hund, den die Diagnose Krebs in
seinen Grundfesten erschüttert hatte«. Nach schweren
Operationen und Behandlungen mit Mitte 50 »austhe-
rapiert«, steckte er voll Wut und Enttäuschung und
bekämpfte seine Krankheit mit äußerster Energie. Er
begegnete dem Hospizhelfer zornig und unhöflich, be-
trachtete ihn und seine Kollegin »als von seiner Frau
eingeschleppte Leute, die nur auf seinen Tod warten«.
Es dauerte Wochen, bis er den »Hospizler« akzeptierte.
Allmählich entwickelten sich Männergespräche und
der Offizier freute sich über das Interesse seines Besu-
chers an seiner Bundeswehrzeit. Mehr und mehr kam
Vertrauen auf. Eines Tages begrüßte er seinen Besucher
mit dem Wunsch, dass er »raus« wolle, und bei ihren
Ausflügen mit dem Rollator konnte er sogar seine bissi-
gen Bemerkungen über seine Mitmenschen vergessen.*

> *Seine letzten Tage verbrachte er im stationären Hospiz, und nachdem Herr V. inzwischen schon fast zur Familie gehörte, war es für den alten Soldaten selbstverständlich, dass der ihn auch hier besuchen musste. Es war zwischen den beiden Männern eine Herzlichkeit entstanden, die Viktor V. sehr berührte, der endgültige Abschied war entsprechend.*

Wenn Sie schon lange mal eine Skatrunde etablieren wollten, werden Sie vielleicht in einem Heim dankbare Skatbrüder finden; wenn ihre Wohnung keinen Platz für einen Werkraum hat, fragen Sie die Heimleitung, ob sie im Keller eine kleine Werkstatt einrichten können, in die Sie gelegentlich auch die Männer im Heim zum Mitwerkeln einladen. Was *Sie* von all dem haben? Unter anderem eine Dankbarkeit, wie Sie sie sonst selten spüren werden, und eine positive innere Annäherung an einen Ort, an dem Sie selbst womöglich einmal Ihre Tage beschließen werden.

Wenn Sie das Heim, weil es zu groß und zu unpersönlich ist, abschreckt, dann suchen Sie Gleichgesinnte, mit denen zusammen Sie eine bessere Alternative entwickeln. Bundesweit gibt es inzwischen viele attraktive Kleinstheime, die Hausgemeinschaft um die Ecke, wo maximal acht bis zehn alte Leute in annähernd normalen Haushalten das tun, was sie ihr Leben lang getan haben: die Hausarbeiten erledigen, im Garten nach dem Rechten sehen, ein paar Schritte um den vertrauten Block gehen. Auch wenn sie von bezahlten Fachkräften versorgt werden, so sind daneben weiterhin auch Angehörige, Nachbarn und Freunde jeglichen Alters beteiligt, sorgen für einen lebendigen, anregenden Alltag und ersetzen auf diese

Weise all die Bewegungs-, Beschäftigungs-, Sozio- und sonstigen -Therapien, die in den großen Institutionen den ver-rückten Alltag normalisieren sollen. Noch immer machen es die Heimgesetze solch lebenswerten Alternativen nicht gerade leicht und für profitorientierte Investoren sind die großen Häuser interessanter. Darum müssen derartige Wunschmodelle für unser eigenes Alter erkämpft und durchgesetzt werden; wir müssen Mitstreiter suchen, mit denen wir etwa einen Interessen- und Trägerverein gründen, um schon einmal für unsere Angehörigen eine humanere Lösung zu finden. Das könnte ein wahrlich herausforderndes Männerprojekt sein!

**Kleinstheime**
Alternativen zum herkömmlichen Pflegeheim lassen sich unter dem Stichwort *Hausgemeinschaften* oder *ambulant betreute Wohngemeinschaften finden.*
www.demenz-wg.de

## Vom Sterben zum Leben

Entgegen allen Behauptungen, Sterben und Tod würden in unserer Gesellschaft tabuisiert, hat sich mit den ambulanten Hospizdiensten eine der größten sozialen Bürgerinitiativen entwickelt. Hospizdienste wollen dazu beitragen, dass Menschen möglichst dort sterben können, wo es sich fast alle wünschen, nämlich zu Hause und nicht in Pflegeheimen oder Krankenhäusern. Viele Menschen sterben in Institutionen, weil ihre Angehörigen – und nicht selten auch Professionelle – mit dem Unbekannten und Bedrohlichen des Sterbens nicht zurechtkommen, weil sie unsicher sind und befürchten, das Falsche zu tun oder zu lassen.

Hier können die gut für ihre Aufgaben ausgebildeten Helfer den Angehörigen Sicherheit vermitteln, einen würdigen Abschied ermöglichen und alleinstehenden Sterbenden beistehen. Eine solche Sterbebegleitung scheint Frauensache, Männer bilden in den Hospizvereinen nur eine kleine Minderheit. Dabei wäre es für manchen sterbenden Mann gut, sich noch einmal mit einem anderen Mann aussprechen zu können; für den einen oder anderen männlichen Angehörigen wäre es hilfreich, sich von einem Mann verstanden zu wissen.

Hospizdienste sind keine Ansammlung von depressiven und todesverliebten schrägen Vögeln, sondern vereinen ganz normale, lebensbejahende und vergnügte Menschen, die aber durch ihre Begegnung mit Sterben und Tod das Leben oft umso mehr zu schätzen wissen. Menschen, für die dadurch der Gedanke an den Tod nicht die große Panik auslöst, sondern die ihn als einen Teil ihres Lebens annehmen können.

### Vom Ratgeber zum Zuhörer

*»Ich musste zuerst einmal lernen, wirklich zuzuhören, abzuwarten und mich zu gedulden«, beschreibt Norbert N. seine ersten Schritte auf dem Weg zu einem qualifizierten Sterbebegleiter. Mit 60 wollte der frühere Manager, der sich auf der »Ochsentour« von ganz unten*

nach ganz oben hochgearbeitet hatte, »der Gesellschaft etwas zurückgeben und etwas für andere Menschen tun«. Um nach einem Leben mit einer 60-, 70-Stundenwoche nicht in ein Loch zu fallen, wusste er zwar nicht, was, aber immerhin, »dass ich auf jeden Fall etwas tun wollte«. Sein Gemeindepfarrer war es, der ihn auf die Idee brachte, sich beim örtlichen Hospizdienst zum ehrenamtlichen Mitarbeiter ausbilden zu lassen. In den intensiven Vorbereitungskursen erfuhr er neben dem fachlichen Rüstzeug auch viel über sich selbst. Bald fand sich Herr N. in ganz ungewohnten Situationen wieder, wo er nicht mehr wie früher das Sagen hatte. »Ich gebe heute keine Ratschläge mehr, ich stelle nur noch Fragen.«

Von zehn Uhr abends bis sechs Uhr morgens begleitete er, meist an einem Tag in der Woche, Sterbende und ihre Angehörigen in der häuslichen Umgebung. »Ich bin näher ans Leben gekommen, habe viel für mich und über mich gelernt.« Immer wieder fand er es überaus spannend, sich auf neue Situationen einzulassen; angesichts der Todesnähe kam es mit vielen Angehörigen zu intensiven Begegnungen, die oft auch über die Sterbebegleitung hinausgingen. »Ich habe keine Angst mehr vor dem Tod und weiß, dass ich nichts mitnehmen kann.« So relativiert sich manches im Leben von Norbert N., dafür gewannen Familienbeziehungen und andere Sozialkontakte an Bedeutung.

Gerade auch als Mann fühlt sich Norbert N. sehr bereichert. Er konnte »völlig neue menschliche Dimensionen« entdecken und entfalten, die vielen Männern unbekannt sind und verschlossen bleiben. In einem

*Arbeitsbereich, der überwiegend von Frauen wahrgenommen wird, sind immer wieder gerade auch sterbende Männer dankbar, wenn Sie mit einem Mann über Ihre letzten Angelegenheiten reden können. Und auch in den monatlichen Begleitgruppen, wo die Erfahrungen reflektiert werden und es bei allem oft auch sehr heiter zugeht, ist seine männliche Sicht auf die Dinge willkommen.*

*Nicht überraschend war es, dass die ehemalige Führungskraft bald gebeten wurde, sich in der Leitung des Vereins um die Finanzen zu kümmern, so wie man auch andernorts in seiner Stadt nicht auf seine Kompetenzen verzichten wollte. Nach 15 Jahren Engagement hat sich der heute 75-Jährige inzwischen jedoch von fast allen Ämtern verabschiedet, »es schlaucht mich mehr als früher und ich habe zu wenig neue Ideen«.*

*Norbert N. genießt die Zeit mit seiner Frau, mit seinen Kindern und Enkeln. Natürlich hatten er und seine Frau sich erst einmal »zusammenraufen müssen«, als er nach einem ausgefüllten Berufsleben plötzlich jeden Tag zu Hause war. Die beiden sind in einen großen Freundeskreis eingebunden, nun werden ihre Kreise allmählich kleiner, dafür intensiver. Herr N. blickt auf ein erfülltes Leben zurück, das ihm besonders auch im Ruhestand noch »viel Neues und Wertvolles geschenkt hat«. Er will mit seiner Frau in ihrer guten Hausgemeinschaft wohnen bleiben. Und wenn es einmal mit der Pflege zu Hause nicht mehr gehen sollte, sind sie sich einig, dass auch ein Heim infrage kommt. Als Hospizbegleiter kennt Norbert N. einige Heime und hat keine Berührungsängste mehr.*

**Hospizgruppen**

Fast alle Menschen wollen zu Hause sterben, aber
drei Viertel beenden ihr Leben in Krankenhäusern
oder Heimen. Rund 80 000 ehrenamtliche Hospizhelfer in Deutschland wollen dazu beitragen, dass
mehr Menschen ihre letzte Lebensphase in ihrer
vertrauten Umgebung verbringen und würdevoll
sterben können. Sie begleiten Sterbende in ihren
letzten Tagen und Stunden und sorgen dafür, dass
die Angehörigen auch in ihrer Trauer nicht alleine
sind. Sie werden auf ihre Aufgaben gründlich vorbereitet und kontinuierlich fachlich begleitet. Rund
1500 ambulante örtliche Hospizdienste sind im Internet zu finden.
www.hospiz.net

# Nachwort
## Und was tut der Autor selbst?

> Vor dem Übertritt in eine neue Lebensphase
> können wir nicht wissen, wie es sein wird
> – wir werden ein anderer sein.
> *Klaus Dörner*

»Herzlichen Glückwunsch zum theoretischen Teil deines Alterns!« war der Kommentar meiner Frau zum Erscheinen meines Buches *Männer altern anders*. »Pfarrers Kinder, Müllers Vieh, gedeihen selten oder nie!« Dieses Sprichwort weist darauf hin, dass die früheren und heutigen Ernährungs- (Müller) und Erziehungsexperten (Pfarrer) zwar trefflich anderen raten mögen, im eigenen Haus jedoch nicht klüger sind als andere. Womöglich prädestiniert sie ja auch das eigene Scheitern zum guten Berater, der weiß, wovon er spricht. So sollte man die reale Lebenspraxis eines Buchautors also nicht unbedingt als ein Gütekriterium für seine Theorien nehmen. Aber da ich als Leser immer neugierig bin, was denn ein Autor von dem, was er lehrt, selbst lebt – und das kaum jemals aus den Büchern erfahre –, will ich an einigen Stellen etwas Einblick in meine Ruhestandsvorbereitungen geben. Zwar sind es laut aktuellem Rentenbescheid bis zu meiner Berentung noch neun Jahre, also eigentlich noch massig Zeit. Aber man kann damit ja kaum früh genug anfangen.

Als Professor an einer Hochschule für Soziale Arbeit, der sich zudem vor allem mit Gerontologie beschäftigt, habe ich das große Privileg, mich intensiv und schon seit Langem mit allen Alternsfragen beschäftigen und auseinandersetzen zu können. Als Dozent und Vortragsredner, als Praxisforscher und -berater, als Begleiter von Projekten und Abschlussarbeiten, als Autor schließlich kann ich fast alle Alternsthemen von allen Seiten beleuchten, untersuchen und mich mit ihnen anfreunden. Und der Austausch mit älteren Männern, der mich mehr und mehr interessiert, eröffnet immer wieder überraschende neue Perspektiven. So hat das Alter für mich kaum mehr irgendwelche unbekannten Schrecken und zunehmend Faszinierendes.

Für Vortragsredner, Berater und Autoren, zumal zum Thema *Alter(n)*, spielt die gesetzliche Altersgrenze eigentlich keine Rolle. Wenn es der Gesundheitszustand zulässt, kann ich mir noch einige Jahre mehr des Gleichen vorstellen, werde also womöglich einer jener Weitermacher sein, dessen formale Entberuflichung keinem so richtig auffällt. Schließlich kann man doch über manche Alternsthemen so richtig gereift auch erst jenseits des 70. oder 75. Lebensjahres reden; da hoffe ich dann auf rechtzeitige, deutliche Hinweise meiner Frau oder meiner Freunde auf den schleichenden Übergang von »Reife« in »Fäulnis«, auf dass ich es mit der Vortragstingelei beizeiten bewenden lassen möge.

Als jemand, der seine Zeit mit ziemlich viel Arbeit ausfüllt, steht mir gelegentlich mein Vater als Mahnung vor Augen, der mindestens ebenso viel beschäftigt war und mit 69 von einem Tag auf den anderen aus dem Leben gerissen wurde. Auch er hatte seine Mühen mit dem Genießen, dem langsamen Tun, dem Entspannen – ein Vorbild, das mir immerhin schon ein gutes diesbezügliches Problembewusstsein und auch praktische Erfahrungen mit Yoga, Chi Gong und anderen körperorientierten Zugängen beschert hat. Und immer noch hoffe und bemühe ich mich, mit zunehmendem Alter von meinen pietistischen Wurzeln zu einer mir gemäßen spirituellen Entwicklung zu gelangen.

Nicht erst seit auch der Jüngste unserer drei Kinder so langsam seiner eigenen Wege geht, stellen unsere Partnerschaft meine Frau und mich immer wieder vor neue Herausforderungen. Ein solcher »Familienbetrieb« ist doch ein hochdynamisches Gebilde: wann immer man sich endlich einmal in ruhigen Gewässern zu bewegen glaubt, gerät wieder jemand in die Pubertät, verändert sich das System durch seinen Auszug, sind die Eltern- und Paarrollen neu auszutarieren. Nicht zu früh und nicht zu spät und nicht zu weit weg hoffe und freue ich mich auf eine neue Rolle als Großvater.

Mein Partnerschafts- und Wohnprojekt habe ich klar vor Augen: Zehn Parteien, die noch zu finden wären, gruppieren sich um einem Wohnhof und bilden eine gute Form von Gemeinschaft, die vieles ermöglicht, ohne Zwänge zu erzeugen. Als derzeitiger Bewohner eines an mancherlei Altersgebrechen leidenden und Zuwendung bedürfenden älteren Hauses habe ich Lust, mit meiner Frau noch einmal etwas Neues, Pflegeleichteres zu planen und uns in soziale Bezüge zu begeben, wo unsere asymmetrischen kommunikativen Bedürfnisse besser aufgefangen sind. Auch wenn uns unsere gelegentlich zu kleine Großstadt nicht alle Träume erfüllt, werden wir hier wohl alt werden; wer weiß, ob und wie wir nach einer Umpflanzaktion woanders nochmals wirklich Halt gebende Wurzeln schlagen können? Mein und unser Freundeskreis dürfte für meine zu vermutenden späteren Bedürfnisse, wenn die beruflichen und sonstigen Kreise kleiner werden, etwas üppiger sein. Manchmal lasse ich dieser Einsicht sogar schon ein paar kleine Taten folgen.

Auch wenn ich als ehrenamtlicher Leiter eines Hospizdienstes viel mit dem Ende des Lebens befasst bin, kann ich mir noch wenig vorstellen, wie es im Vierten Alter, jenseits des 80. oder 85. Geburtstages aussehen könnte. Dafür bin ich mit meinen 55 Jahren noch zu jung, wie Klaus Dörner trefflich anmerkte*.

Aber wer weiß, womöglich kommt das Beste erst noch.

---

* Oder sollte es mir dereinst wie jenem Ruheständler gehen, dessen tragikkomische Biografie »Ein Jahr Rentner« seit einiger Zeit im Internet die Runde macht?

# Quellenangaben

1 Fooken 1986, S. 269
2 Handelsblatt 9.10.2001 unter Berufung auf eine Untersuchung des Instituts für Arbeitsmarkt- und Berufsforschung (IAB) der Nürnberger Bundesanstalt für Arbeit.
3 Brähler u.a. 2001, S. 13
4 Baumeister 2008, S. 26
5 Clemens 2008, S. 104
6 Scholz 2009
7 Baumeister 2008, S. 29
8 Böhnisch/Winter 1993, S. 171
9 Fooken 1999, S. 444
10 Herb Stumpf
11 Schützendorf 2005, S. 70
12 Gräser 2002
13 Fooken 2000
14 4. Altenbericht 2002, S. 127
15 4. Altenbericht 2002, S. 127
16 Neutzling 2003, S. 38
17 Shapiro 1994
18 Böhnisch 2005, S. 83
19 Baumeister 2008, S. 28 f.
20 Künemund 2007
21 Bröscher u.a. 2000
22 Dieter und Vreni Theobald
23 Vgl. Langmaack 2002, S. 178
24 Hoffmann-Gabel 2003, S. 13 ff.
25 Kruse u.a. 2005
26 Berger/Gerngroß 1994
27 Baltes/Maier 1999
28 Peters 2004
29 Butler/Lewis 1996
30 5. Altenbericht 2006, S. 184
31 Willy Meuser
32 Erik Erikson
33 Coles 1974
34 Frei nach den Sprüchen Salomo 29,18
35 K. Bartel zitiert nach dem Programmheft des Treffpunkt Senior in Stuttgart.
36 5. Altenbericht 2006, S. 199 ff.

37 Baumeister 2008, S. 26
38 Gronemeyer 1989
39 Bobbio 1998, S. 54
40 Amann 2004
41 Neutzling 2003, S. 37
42 Zum Thema »Männer und Pflege« insgesamt: Hammer 2009
43 Schneekloth/Wahl 2005
44 Schupp/Künemund 2004
45 Langehennig 2009, S. 46
46 4. Altenbericht 2002, S. 198
47 Schneekloth/Wahl 2005
48 Calasanti 2003, S. 22
49 Lambrecht/Bracker 1992
50 Kohli 1990
51 Russell 2007, S. 303 ff.
52 Dörner 2007
53 Russell 2007, S. 15
54 Dörner 2007, S. 16
55 Jöllenbeck 2007
56 Bartjes/Hammer 2005
57 Andreas Kruse
58 4. Altenbericht 2002, S. 123 f.

# Literatur

*Kursiv: Anregungen zum Weiterlesen*

Altenberichte der Bundesregierung. Herausgegeben vom Bundesministerium für Familie, Senioren, Frauen und Jugend. Berlin 1996–2006

Amann, Anton: Die großen Alterslügen. Generationenkrieg – Pflegechaos – Fortschrittsbremse? Wien 2004

Barth, Karl/Zuckmayer, Carl: Späte Freundschaft in Briefen. 4. Auflage, Zürich 1977

Bartjes, Heinz/Hammer, Eckart: Mehr Männer in den Altenpflegeberuf. Modellprojekt im Rahmen des Teilprojektes 19 Gender Mainstreaming in der Altenhilfe, Caritasverband der Erzdiözese Rottenburg-Stuttgart (Hrsg.). Stuttgart 2005

Baumeister, Roy F.: Wozu sind Männer gut? In: Psychologie heute, März 2008, S. 21–29

Beauvoir, Simone de: Das Alter. Hamburg 1972

Berger, Gerhard/Gerngroß, Gabriele: Die neu gewonnene Freiheit. Vier Modelle für erfolgreiches Altern. Stuttgart 1994

Bobbio, Norberto: Vom Alter – De senectute. Berlin 1998

Böhnisch, Lothar: Lebensbewältigung und Beratung von Männern im Alter. In: Schweppe, Cornelia (Hrsg.): Alter und Soziale Arbeit – Theoretische Zusammenhänge, Aufgaben und Arbeitsfelder. Hohengehren 2005, S. 77–86

Böhnisch, Lothar/Winter, Reinhard: Männliche Sozialisation – Bewältigungsprobleme männlicher Geschlechtsidentität im Lebenslauf. Weinheim/München 1993

Brähler, Elmar/Goldschmidt, Susanne/Kupfer, Jörg: Männer und Gesundheit. In: Brähler, Elmar/Kupfer, Jörg (Hrsg.): Mann und Medizin. Göttingen 2001, S. 11–33

Bröscher, Petra/Naegele, Gerhard/Rohleder, Christiane: Freie Zeit als gesellschaftliche Gestaltungsaufgabe. In: Aus Politik und Zeitgeschichte, B 35/36 2000

Butler, Robert N./Lewis, Myrna, I.: Alte Liebe rostet nicht. Bern 1996

Calasanti, Toni: Masculinities and Care Work in Old Age. In: Arber, Sara/Davidson, Kate/Ginn, Jay (Hrsg.): Gender and Ageing. Changing Roles and Relationships. Maidenhead Philadelphia 2003, S. 15–30

Clemens, Wolfgang: Zu früh in die »Späte Freiheit«? – Ältere Arbeitnehmer im gesellschaftlichen und demografischen Wandel. In: Amann, Anton/Kolland, Franz: Das erzwungene Paradies des Alters? Fragen an eine Kritische Gerontologie. Wiesbaden 2008, S. 101–119

Coles, Robert: Erik H. Erikson – Leben und Werk. München 1974

Dörner, Klaus: Leben und sterben, wo ich hingehöre. Dritter Sozialraum und neues Hilfesystem. Neumünster 2007

Fooken, Insa: Männer im Alter – Psychologische und soziale Aspekte. In: Zeitschrift für Gerontologie 19/1986, S. 249–275

Fooken, Insa: Geschlechterverhältnisse im Lebenslauf. In: Jansen, Birgit u.a.: Soziale Gerontologie – Ein Handbuch für Lehre und Praxis. Weinheim/Basel 1999, S. 441–452

Fooken, Insa: Soziale Verluste und Veränderungen ›nach dem Zenit‹ – zur intergenerativen Beziehungsdynamik ›spät geschiedener‹ Männer und Frauen. In: Perrig-Chiello, Pasqualina/Höpflinger, Francois (Hrsg.): Jenseits des Zenits. Männer und Frauen in der zweiten Lebenshälfte. Bern 2000, S. 99–117

Furman, Ben: Es ist nie zu spät, eine glückliche Kindheit zu haben. 5. Auflage, Dortmund 2005

*Giersberg, Dagmar: Und dann? 101 Ideen für den Ruhestand. Bielefeld 2008*

Gräser, Horst u.a.: Zufriedenheit in Partnerbeziehungen: Analyse latenter Entwicklungsgradienten im 14-Jahres-Längsschnitt. In: Walper, Sabine/Pekrun, Reinhard (Hrsg.): Familie und Entwicklung. Aktuelle Perspektiven der Familienpsychologie. Göttingen 2002, S. 200–216

Gronemeyer, Reimer: Die Entfernung vom Wolfsrudel. Über den drohenden Krieg der Jungen gegen die Alten. Düsseldorf 1989

*Hammer, Eckart: Männer altern anders. 3. Auflage, Freiburg 2008*

Hammer, Eckart: Männer – Alter – Pflege. Pflegen Männer ihre Angehörigen? Oder werden sie nur gepflegt? In: Sozialmagazin 7–8/2009, S. 22–28

Hoffmann-Gabel, Barbara: Bildungsarbeit mit älteren Menschen. Themen, Konzepte und praktische Durchführung. München 2003

Jellouschek, Hans: Wenn Paare älter werden. Freiburg 2008

Jöllenbeck, Dorothea: Zurück nach Hause. Meine alten Eltern und ich. Freiburg 2007

Kohli, Martin: Das Alter als Herausforderung für die Theorie sozialer Ungleichheit. In: Berger, Peter A./Hradil Stefan (Hrsg.): Lebenslagen, Lebensläufe, Lebensstile. Göttingen 1990, S. 387–406

Kruse, A./Gaber, E./Heuft, G./Oster, P./Re, S./Schulz-Nieswandt, F.: Gesundheit im Alter. Gesundheitsberichterstattung des Bundes, Heft 10. hrsg. v. Robert Koch-Institut. Berlin 2002

Künemund, Harald: Freizeit und Lebensstile älterer Frauen und Männer – Überlegungen zur Gegenwart und Zukunft gesellschaftlicher Partizipation im Ruhestand. In: Pasero, Ursula/Backes, Gertrud M./ Schroeter, Klaus R. (Hrsg.): Altern in Gesellschaft. Ageing – Diversity – Inclusion. Wiesbaden 2008, S. 231–240

Lambrecht, Petra/Bracker, Maren: Die Pflegebereitschaft von Männern – 50 Jahre kann man nicht einfach beiseite schieben. Kassel 1992

Langehennig, Manfred: Männer in der häuslichen Angehörigenpflege. Forschungsbefunde, Forschungsartefakte, Forschungsperspektiven. In: Jansen, Mechthild M. (Hrsg.): Pflegende und sorgende Frauen und Männer. Aspekte einer künftigen Pflege im Spannungsfeld von Privatheit und Professionalität. Wiesbaden 2009, S. 43–58

*Langmaack, Barbara: Ruhestand. Annehmen – Gestalten – Leben. Stuttgart 2002*

Mayer, Karl Ulrich/Baltes, Paul B. (Hrsg.): Die Berliner Alterstudie. Berlin 1999

Mercier, Pascal: Nachtzug nach Lissabon. Wien 2004, S. 321

Neutzling, Rainer: Mit Mann und Maus – Warum sich mehr Frauen als Männer umbringen. In: Sozialmagazin 6/2003, S. 30–38

Peters, Meinolf: Klinische Entwicklungspsychologie des Alters. Göttingen 2004

Russell, Richard: The Work of Elderly Caregivers. From Public Careers to an Unseen World. In: Men and Masculinties, Vol. 9 No. 3, 2007, 298–314

Scholz, Sylka: Prekäre männliche Lebenswelten – Männer im Prekariat. Fachtagung 27./28.2.2009, Heinrich-Böll-Stiftung, Berlin

Shapiro, Joan: Männer sind wie fremde Länder. Frankfurt am Main 1992

Schneekloth, Ulrich/Wahl, Hans Werner (Hrsg.): Möglichkeiten und Grenzen selbstständiger Lebensführung in privaten Hauhalten (MuG III). Repräsentativbefunde und Vertiefungsstudien zu häuslichen Pflegearrangements, Demenz und professionellen Versorgungsangeboten. Integrierter Abschlussbericht im Auftrag des Bundesministeriums für Familie, Senioren, Frauen und Jugend. München 2005

*Schützendorf, Erich: In Ruhe alt werden können? Widerborstige Anmerkungen. Frankfurt am Main 2005*

Schupp, Jürgen/Künemund, Harald: Private Versorgung und Betreuung von Pflegebedürftigen in Deutschland. Wochenbericht des DIW Berlin 20/04

Weick, Karl E.: Der Prozess des Organisierens. 4. Auflage, Frankfurt am Main 2007

# Internet-Adressen

Alle Internetadressen lassen sich finden und komfortabel aufrufen unter: www.unserezeiten.de im Treffpunkt »engagieren«.
Die genaue URL lautet: www.unserezeiten.de/treffpunkt/514/9003/1

Im Folgenden ist hinter der Adresse *kursiv* gedruckt der Verweis auf die Seite hier im Buch.

Der Autor kann unter folgender Anschrift
erreicht werden:

Prof. Dr. Eckart Hammer
Evangelische Hochschule
Paulusweg 6
71638 Ludwigsburg
e.hammer@eh-ludwigsburg.de